Lena Reuter | Manfred Reuter

111 Orte in Ostfriesland, die man gesehen haben muss

111

emons:

Bibliografische Information der Deutschen Nationalbibliothek
Die Deutsche Nationalbibliothek verzeichnet diese Publikation in der Deutschen Nationalbibliografie; detaillierte bibliografische Daten sind im Internet über http://dnb.d-nb.de abrufbar.

MIX
Papier | Fördert gute Waldnutzung
FSC® C083411
FSC
www.fsc.org

Layout: Eva Kraskes, nach einem Konzept von Lübbeke | Naumann | Thoben
Kartografie: altancicek.design, www.altancicek.de
Kartenbasisinformationen aus Openstreetmap,
© OpenStreetMap-Mitwirkende, ODbL
Druck und Bindung: CPI – Clausen & Bosse, Leck
Printed in Germany 2023
ISBN 978-3-7408-1455-7

Vorwort

Ostfriesland, das ist doch das Land der Windmühlen und Leuchttürme? Plattes Land, Moorlandschaften, Wallhecken und schwarzweiße Kühe, so weit das Auge reicht. »Hier kannst du heute schon sehen, wer morgen zu Besuch kommt«, heißt es. Genau genommen zum Tee, denn die Ostfriesen trinken sich ja den ganzen Tag von einer Teezeremonie zur anderen. Ostfriesland, ach ja, das ist da, wo das Meer meistens nicht da ist und sich Wattführer und Wattwurm »Moin« sagen. Ostfriesland, das Land von Otto Waalkes. Ob wohl doch was dran ist an den Ostfriesenwitzen?

Was Vorurteile und Klischees angeht, ist Ostfriesland unbestritten ganz vorn mit dabei. Aber es ist weit mehr als das, und vor allem ist Ostfriesland wesentlich moderner und innovativer als sein Ruf. Erneuerbare Energien, moderne Häfen, mutige Start-ups und coole Freizeitangebote machen die Region zwischen Dollart und Jadebusen zu einem wertvollen Lebensraum und einer Top-Urlaubsadresse.

Auch mein dritter Reiseführer der 111er-Reihe war wieder ein Familienprojekt. Zusammen mit meinem Vater habe ich Ostfriesland nach außergewöhnlichen und sehenswerten Orten abgesucht, die eben nicht in jedem klassischen Touristenführer stehen. Und weil mein Orientierungssinn und meine Ortskenntnis weiterhin ausbaufähig sind, gab es ab und an etwas Unterstützung. Ein besonderer Dank geht dabei an meine Mutter für die tollen Themen-Tipps.

Am Ende haben wir wieder mal 111 Geheimtipps gefunden – vom »Grab des Amerikaners« in der Seehafenstadt Emden über den Walknochenzaun auf Borkum bis hin zum sagenumwobenen Plytenberg bei Leer.

Auch wenn ich heute der Liebe wegen an der Ostsee lebe, bleibt Ostfriesland ein Stückchen Heimat. Nicht nur wegen meiner Familie wird es mich immer wieder zurückziehen in das platte Land mit den schwarz-weißen Kühen, den Windmühlen und den Teezeremonien. So ein bisschen Klischee ist eben manchmal einfach schön.

Lena Reuter

111 Orte

1 Der Ellernfeld-Gedenkstein

Zur Erinnerung an die Vertriebenen

Wo jetzt die Spielvereinigung Aurich ihr Vereinsgelände hat und sich alles um Fußball dreht, da ging es in den letzten etwa 110 Jahren oft deutlich ernster zu.

Das Ellernfeld südlich der Auricher Innenstadt, auf dem heute auch das Hallen- und Freibad »De Baalje«, eine Jugendherberge und der Kunstpavillon des Kunstvereins zu finden sind, blickt auf eine durchaus bewegte Vergangenheit zurück.

Das Ellernfeld – »Ellern« ist übrigens ein norddeutscher Begriff für Erlen – ist ein ehemaliges Kasernenareal, das 1912 für das 78. Infanterieregiment der preußischen Armee errichtet wurde. Mittelpunkt war das Kasernengebäude, das die Auricher wegen seiner Farbe »Grauer Esel« nannten. Die Soldaten zogen allerdings nie in das Gebäude ein, sondern in den Ersten Weltkrieg, und auch nach Ende des Krieges wurde das Areal nie als Kaserne genutzt.

Nach dem Zweiten Weltkrieg diente das Ellernfeld als Zwischenlager für die Kriegsflüchtlinge, die dann auf die umliegenden Dörfer verteilt wurden. An diese Menschen erinnert ein Gedenkstein.

»Viele tausend Deutsche wurden nach Kriegsende in Aurich am Ellernfeld zusammengeführt und von hier aus auf Dörfer in ganz Ostfriesland verteilt. Dieser Gedenkstein soll an die Vertreibung erinnern, aber auch die Verbundenheit der Einwohner Aurichs mit den Menschen deutlich machen, die ihre Heimat verloren haben. Damit verbinden wir die Hoffnung, dass es nie wieder Krieg und Vertreibung mit ihren unmenschlichen Folgen geben möge«, lautet die Inschrift auf dem fünf Tonnen schweren Findling, den der Auricher Bildhauer Bernd Clemenz-Weber bearbeitet hat. Ein Thema, das wohl leider nie an Aktualität verliert.

Das Kasernengebäude »Grauer Esel« fiel übrigens 2007 einem Feuer zum Opfer und wurde daraufhin abgerissen. Bleibt zu hoffen, dass das Ellernfeld nie wieder Sammelpunkt für Vertriebene sein muss. Lasst uns hier lieber weiter Fußball spielen!

Adresse Am Ellernfeld, 26603 Aurich | **Anfahrt** über die B 72 Ortseinfahrt Aurich, rechts ab in Julianenburger Straße, nach rechts in Am Ellenfeld bis zum Kulturpavillon | **Öffnungszeiten** jederzeit zugänglich | **Tipp** Ein Besuch lohnt sich im Familien- und Wohlfühlbad »De Baalje« direkt am Ellernfeld. »Baalje« ist übrigens der plattdeutsche Begriff für Badewanne.

2 Die Kriegsgräberstätte

Ein dunkles Kapitel ostfriesischer Geschichte

Tannenhausen ist heute ein beschaulicher Ortsteil der Stadt Aurich im Herzen Ostfrieslands. Ruhige Wohnsiedlungen, viel Natur in unmittelbarer Nähe zum Ortskern und der Badesee mit Beach-Bar und moderner Wakeboard-Anlage als Touristenmagnet. Was kaum ein Einheimischer weiß: Tannenhausen hat eine dunkle Vergangenheit, denn während des Zweiten Weltkriegs gab es hier ein Lager für sowjetische Kriegsgefangene.

1936 begann der Bau des Marineartilleriezeugamtes (MAZ), einer Fabrik zur Munitionsherstellung auf einem etwa 400 Hektar großen Gelände in Tannenhausen. Das MAZ beschäftigte zeitweise mehr als 2.000 Arbeitskräfte. Da diese ab 1939 fehlten, weil viele Deutsche im Kriegseinsatz waren, wurden ausländische Arbeitskräfte aus besetzten Gebieten deportiert. Diese waren in vier Lagern untergebracht, im Sommer 1941 folgte zudem das Lager speziell für sowjetische Kriegsgefangene.

Die Zustände waren, wie in allen Gefangenenlagern, menschenunwürdig. Nur ein Raum konnte mit einem Ofen beheizt werden, geschlafen wurde auf Holzpritschen mit Strohsäcken, die hygienischen Verhältnisse waren desaströs. Nahrung und Wasser waren knapp, und die Gefangenen mussten Schwerstarbeit leisten. Unzählige Lagerinsassen verloren ihr Leben durch Krankheit oder Entkräftung und wurden in Massengräbern notdürftig bestattet. Allein 236 sowjetische Kriegsgefangene sind in Tannenhausen begraben.

Auf der Kriegsgräberstätte in Tannenhausen, die übrigens in Sichtweite des Badesees liegt, wurden mittlerweile nach ausführlichen Recherchen die Namen von 74 sowjetischen Opfern auf Steinkreuzen sichtbar gemacht. Im Juni 2011 entstand im Rahmen eines Schulprojekts der Auricher Hauptschule in Zusammenarbeit mit dem Volksbund Deutsche Kriegsgräberfürsorge eine Geschichts- und Erinnerungstafel am Rande der Gedenkstätte. Ein Mahnmal an alle, den Frieden zu halten, mitten im beschaulichen Tannenhausen.

Adresse Stürenburgweg, 26607 Aurich | **Anfahrt** über B 210/Dornumer Straße nach Tannenhausen, links auf Stürenburgweg (Hinweisschild) | **Öffnungszeiten** jederzeit zugänglich | **Tipp** Nach so viel schwerer Kost ist es Zeit für einen leckeren Snack. Im Eiscafé »Schlaraffenland« an der Dornumer Straße – nur ein paar hundert Meter entfernt – gibt's eine große Auswahl an Eissorten.

3 Miraculum

40 Jahre »Bilden mit Kunst« in Aurich

Mit allen Sinnen erleben, und das von klein auf – das ist das Motto der Kunstschule Miraculum in Aurich. Seit 1982 arbeitet die Einrichtung in der Kreisstadt nach dem Konzept »Bilden mit Kunst« des Landesverbandes der niedersächsischen Kunstschulen. Klares Ziel: kulturelle Bildung vermitteln. Und das so kreativ und mit so viel Spaß und Begeisterung wie möglich.

Hierfür sorgen top ausgebildete und hoch motivierte Fachkräfte aus den Bereichen Metallbildnerei, Fotografie, Grafikdesign, Kunstpädagogik, Buchbinderei, Kunstmalerei, Mediengestaltung und Tischlerei sowie viele Profis mehr.

Jeder kann mitmachen! Die Angebote der Kunstschule richten sich an alle kreativen und kunstinteressierten Menschen von drei bis 99 Jahren. Und im Miraculum ist mit Sicherheit für jeden was dabei. Es gibt ein umfangreiches Angebot in den Bereichen Fotografie, Zeichnung, Malerei, Tanz, Theater, Grafik und digitale Medien.

Von der Frühförderung der ganz Kleinen, reinen Spaßprojekten, über die Förderung individueller Potenziale bis hin zur Studien- und Berufsberatung – die Experten der Kunstschule Aurich decken jeden Bereich ab. Dabei arbeiten sie auch mit Kindergärten, Grundschulen und weiterführenden Schulen zusammen und bieten Fortbildungen für pädagogische Fachkräfte an.

Ein besonderes Kreativprojekt der Kunstschule Miraculum ist das MachMitMuseum im Gebäude des historischen Museums. Hier ist der Name Programm: Vor allem Kinder entdecken hier die Ausstellung in Form von interaktiven Spielen, verschiedenen Bastel- und Kunstprojekten oder Entdeckungshöhlen. Ein Museum zum Anfassen, das jedes Jahr mit einer neuen, vom Team der Kunstschule inszenierten Ausstellung aufwartet. Zuletzt begeisterten die Themen »Urknall, Dinos und Steinzeitmenschen« die neugierigen kleinen Besucher. 2022 feierte die Kunstschule ihr 40-jähriges Bestehen.

Adresse Osterstraße 33–35, 26603 Aurich | Anfahrt B 72 bis Aurich, über Fischteichweg rechts auf Georgswall, zu Fuß bis Osterstraße (Fußgängerzone). Anmeldungen online unter www.miraculum-aurich.de/kunstschule, Tel. 04941/123400 | Tipp Hunger? Kreativ geht's auch in der Küche der »Traute Burgerbar« zu. In der Marktpassage gibt's leckere und außergewöhnliche Burgerkreationen, Fritten, Salate und süße Leckereien.

4 »Monsun«

Der Laden mit dem ganz besonderen Flair

Der Monsunregen gilt in Asien nach einer Trockenzeit als Segen für Natur und Menschen. Genau diese Stimmung soll der Name des kleinen Ladens in der Burgstraße in Aurich verbreiten. Und hier herrscht wirklich ein ganz besonderes Ambiente. Bunte Traumfänger und klimpernde Windspiele hängen an Fenstern und Decken, ein goldener Buddha sitzt in der Ecke. Dekoration aus aller Welt, außergewöhnlicher Schmuck und ausgefallene Kleidung ziehen die Blicke auf sich. Es riecht nach Räucherstäbchen und fühlt sich irgendwie an, als betrete man im »Monsun« eine andere Welt.

Heinz und Monika Krey haben den Laden in der Auricher Fußgängerzone 1984 gegründet. Ihr Wunsch: in fernen Ländern schöne Dinge einkaufen und in ihrer Heimatstadt anbieten. Und das kam und kommt offensichtlich ziemlich gut an. Nicht nur unter den Aurichern gibt es viele Stammkunden. Auch Touristen besuchen den besonderen Laden regelmäßig, wenn sie in der Stadt sind. Nicht umsonst gibt es »Monsun« schon seit fast 40 Jahren. Als das Ehepaar Krey in den Ruhestand ging, übernahm Heidi Kappher das Ruder. Damals arbeitete sie bereits seit 20 Jahren im Lädchen und kannte es natürlich in- und auswendig.

Was macht »Monsun« so besonders? »Diese Frage können wohl am besten unsere Kunden beantworten«, sagt Heidi Kappher. Ihrer Meinung nach ist es aber das besondere Flair im Laden und die Tatsache, dass sie und ihr Team die außergewöhnliche Ware persönlich vor Ort einkaufen und sie somit mit Freude und gutem Gewissen anbieten können. Vor Ort, das bedeutet überwiegend Indonesien und Indien. Was man bei »Monsun« einkauft, hat also meist schon eine sehr lange Reise hinter sich und darf sich zu Recht »original« nennen. Auf die Frage, was denn das außergewöhnlichste Teil im Laden sei, antwortet Heidi Kappher: »Wir bieten viele besondere Dinge aus der ganzen Welt an. Am besten: Kommen und schauen!«. Guter Plan.

Adresse Burgstraße 49, 26603 Aurich | **Anfahrt** in Aurich Tiefgarage Marktplatz, zu Fuß durch Burgstraße (Fußgängerzone) | **Öffnungszeiten** Mo–Fr 10–18.30, Sa 10–16 Uhr | **Tipp** Keine 300 Meter entfernt warten im »Weinschmecker« in der Kirchstraße nicht nur Weine aus aller Welt, sondern auch edle Schokolade und Feinkost auf echte Genießer.

5 Der Münzacker von Filsum

Sensationsfund römischen Ursprungs

Da sprechen selbst die sonst eher zurückhaltenden Archäologen von einer Sensation: Sondengänger haben Ende des Jahres 2022 in Zusammenarbeit mit Experten der Kultur-, Bildungs- und Wissenschaftsinstitution »Ostfriesische Landschaft« nach monatelanger Suche in der Nähe von Filsum (Landkreis Leer) 96 römische Silbermünzen gefunden. Dieser äußerst bemerkenswerte Fund auf einem Acker sei aus archäologischer Sicht deshalb eine Sensation, weil gerade römische Münzfunde in Norddeutschland selten vorkämen, betonten die Archäologen während der Präsentation in Aurich.

Genau genommen handelt es sich um 96 Denare aus der römischen Kaiserzeit. Wie das seinerzeitige Zahlungsmittel nach Filsum geriet, ist nicht genau geklärt. Niemand kann bisher sagen, ob sich in der Nähe eine Siedlung befunden hat oder ob es sich um das Versteck eines Söldners handelte. Zumindest die erste Variante wird aber eher ausgeschlossen.

Die jüngste Münze im Fund jedenfalls ist ein Denar aus der Zeit des Kaisers Septimus Severus (193–211). Insgesamt wurden in Niedersachsen bislang 124 antike Horte dokumentiert, von denen allerdings viele unvollständig erhalten sind. Der Wert der 96 Silbermünzen von Filsum befindet sich nach Expertenangaben im vierstelligen Euro-Bereich, Sammler dürften dagegen eine wesentlich höhere Summe hinblättern. In der Antike entsprach der Wert dieses Geldes in etwa zwei Monatslöhnen. Eine Entschädigung für die Entdecker gibt es übrigens nicht. Die Sondengänger hatten ihre harte Arbeit ehrenamtlich geleistet und höchst seriös mit den Archäologen und Behörden kooperiert. Landschafts-Präsident Rico Mecklenburg drückte dies so aus: »Aber es sind Kindheitsträume wahr geworden.«

Der Münzfund von Filsum wird zunächst in der Raiffeisen-Volksbank Remels ausgestellt, später soll er unter anderem auch in der Ostfriesischen Landschaft am Georgswall in Aurich öffentlich zugänglich sein.

Adresse Ostfriesische Landschaft, Am Georgswall 1–5, 26603 Aurich. Kontakt und Information Tel. 04941/1799-23 | **Tipp** In Sichtweite zum Gebäude der Ostfriesischen Landschaft befindet sich das Pingelhus, das alte Hafenwärterhaus des früheren Auricher Hafens. Es dient heute als ganz besonderes Trauzimmer.

6 Der Ständesaal

Vom Selbstverständnis der Landesstände

»Eala frya Fresena« – »Seid gegrüßt ihr freien Friesen«. Der Wahlspruch, der für die Friesische Freiheit steht, prangt auf dem Wappen der Ostfriesischen Landschaft. Unter ihm der Upstalsboom, im Mittelalter Versammlungsplatz der Friesen im Auricher Ortsteil Rahe. Hier trafen sie sich jedes Jahr am Oll' Mai, um Absprachen zu treffen und Recht zu sprechen. Kaiser Leopold I. verlieh der Ostfriesischen Landschaft das Wappen 1678.

Die Ostfriesische Landschaft besteht schon seit fast 560 Jahren. Als der deutsche Kaiser 1464 Ulrich I. Cirksena zum ersten Grafen von Ostfriesland ernannte, entstand damit die Ostfriesische Landschaft, damals noch »Ostfriesische Landesstände« genannt. Sie hatte die drei Privilegien Gesetzgebung, Rechtsprechung und Steuererhebung, und ihre Vertreter kamen aus der Ritterschaft, der Städtevertretung und dem Bauernstand. Die Ostfriesische Landschaft hat sich im Laufe der Zeit von einem politischen Parlament zum Kulturparlament gewandelt. Heute ist sie eine Körperschaft des öffentlichen Rechts mit Sitz in Aurich, die sich für Kultur, Wissenschaft und Bildung in Ostfriesland einsetzt.

Ein Raum im Landschaftsgebäude, der wie kein anderer das Selbstverständnis der Ostfriesischen Landesstände widerspiegelt und durch seine Ausstattung die Ansprüche auf Macht unterstreicht, ist der Ständesaal. Er entstand 1848, nachdem der König von Hannover der Ostfriesischen Landschaft mit einer neuen Satzung zu mehr Macht verhalf. Besonders beeindruckend ist die Deckenmalerei. Sie zeigt die drei Landstände mit ihren Attributen und die Wappen von Ostfriesland, Preußen, Hannover sowie das der Landschaft. Die Wände schmücken Porträts der Grafen und Fürsten von Ostfriesland, was dem Ständesaal im Volksmund den Namen »Fürstensaal« eingebracht hat. Er bietet heute ein stilvolles Ambiente für Lesungen, Vorträge, Tagungen, Ehrungen oder standesamtliche Trauungen.

Adresse Am Georgswall 1–5, 26603 Aurich | Anfahrt in Aurich über Julianenburger Straße, links ab auf Hafenstraße | Öffnungszeiten Infos unter Tel. 04941/17990 und www.ostfriesischelandschaft.de | Tipp Jetzt möchten Sie noch mehr über die Geschichte Aurichs und Ostfrieslands wissen? Dann ab ins Historische Museum in der Burgstraße!

7 Das Twee-Pott-Huus

Kochen für den guten Zweck

Ihrer Leidenschaft nachgehen und damit etwas Gutes tun, diesen Traum hat sich Waltraud Bahl im Juni 2021 in Aurich erfüllt. »Ich wollte schon immer ein eigenes Bistro betreiben, und jetzt kann ich damit Kindern und deren Familien in schweren Zeiten ein Lächeln ins Gesicht zaubern. Das macht mich unendlich glücklich«, sagt die Chefin des »Twee-Pott-Huus« in der Kirchstraße.

In ihrem gemütlichen Bistro direkt neben dem Lamberti-Turm, dem Wahrzeichen der Kreisstadt, gibt es verschiedene Frühstücksangebote, täglich wechselnde Mittags-Menüs, Tapas- und Fischplatten, selbst gebackenen Kuchen und andere Leckereien. Und hier ist Kochen noch Chefsache. Waltraud Bahl, die schon immer gern Familie und Gäste bekocht hat, kann hier nun auch beruflich ihrer Passion nachgehen. Unterstützung bekommt sie dabei von ihrer Tochter Meike, die als Spanien-Fan unter anderem für die Zubereitung der Tapas zuständig ist.

Dabei ist den beiden besonders wichtig, dass es im Twee-Pott-Huus vorwiegend saisonale Gerichte aus regionalen Zutaten gibt. »Hier ist wirklich alles frisch und selbst gemacht, und viele Gäste sagen, es schmeckt wie bei Muttern«, erzählt Meike Reuter-Bahl. Die familiäre Atmosphäre ist den beiden besonders wichtig. Und eben auch, mit ihrem Bistro etwas Gutes zu tun. Die beiden haben die Initiative »Herzenswünsche erfüllen – Kinder helfen Kindern« ins Leben gerufen. Sie arbeiten fest mit verschiedenen sozialen Einrichtungen zusammen, beteiligen sich aber auch spontan an aktuellen Spendenaufrufen, wenn es um kranke oder hilfsbedürftige Kinder und deren Familien geht. Von jedem Tellergericht gehen 50 Cent in den Spendentopf.

Woher kommt eigentlich der Name Twee-Pott-Huus? Ganz einfach, erklärt die Junior-Chefin: »Twee-Pott-Huus ist Plattdeutsch und heißt auf Hochdeutsch ›Zwei-Töpfe-Haus‹, und es gibt hier täglich zwei verschiedene Gerichte zum Mittagstisch.«

Adresse Kirchstraße 3, 26603 Aurich | **Anfahrt** in Aurich Tiefgarage Marktplatz, weiter zu Fuß bis Kirchstraße (Fußgängerzone) | **Öffnungszeiten** Di – Fr ab 9 Uhr bis in die frühen Nachmittagsstunden | **Tipp** Finanzielle Unterstützung hätten sie wohl auch gebraucht. Das »Moorbauernpaar«, eine Skulptur von Friedrich Büschelberger vor dem Historischen Museum in der Burgstraße, wird auch »Oma und Opa« genannt. Opa zeigt Oma eine leere Geldbörse.

8 Das Zaubertheater

Ein unvergessliches Erlebnis für alle Sinne

Mit dem Zaubertheater hat sich Andreas Reichert einen Traum erfüllt. Und zwar genau da, wo seine Leidenschaft für das Zaubern 1988 begann. Das Theater sei eine Hommage an seine Heimatstadt Aurich, sagt der 42-Jährige. Mit acht Jahren hat er vor dem ehemaligen Spielwarengeschäft Schüt-Duis zum ersten Mal einen Zauberer gesehen und war fasziniert. Mit einem Zauberkasten brachte er sich die ersten Tricks selbst bei. In einem Hamburger Spezialgeschäft für Zauberrequisiten kaufte er sich irgendwann die ersten »richtigen« Zauberkunststücke und begann mit öffentlichen Auftritten.

Nun verzaubert Andreas Reichert am Georgswall, nur 200 Meter Luftlinie von dem Ort entfernt, der seine Leidenschaft für die Zauberei entfachte, im eigenen Theater seine Gäste.

Im Zaubertheater genießt das Publikum mit allen Sinnen. Das Programm »Aurich verzaubert« enthält eine Auswahl der Lieblingskunststücke des Gastgebers – Klassiker und moderne Zaubertricks mit hochwertigen Effekten. Vor der Show gibt es ein Buffet mit Fingerfood-Kreationen, und die haben es in sich. Rote-Bete-Taboulé mit geräucherten Garnelen, Grünkohl-Hanf-Frikadellen mit Hummus oder Mini-Blinis mit herzhaften Belägen sorgen für einen außergewöhnlichen kulinarischen Genuss.

Für den Auricher, der hauptberuflich eine Media-Agentur besitzt, ist das Zaubern eine große Leidenschaft, die aber ein Hobby bleiben soll. Unter dem Druck, zaubern zu müssen, um den Lebensunterhalt zu verdienen, gehe schnell der Spaß verloren. Was ihn besonders am Zaubern fasziniert? »Dass ich anderen ein Staunen schenken kann und das faszinierte Kind in uns wieder zum Vorschein kommt«, antwortet der Künstler begeistert.

Und was muss man tun, damit Andreas Reichert einen seiner Tricks verrät? »Wahre Wunder kann man nicht erklären!«, sagt der Magier augenzwinkernd. Auch gut, dann lassen wir uns eben mit Vergnügen weiter verzaubern.

Adresse Georgswall 14–16, 26603 Aurich | **Anfahrt** B 72 bis Aurich, über Fischteichweg rechts auf Georgswall. Tickets unter www.zaubertheater-aurich.de | **Tipp** Wer nach dem Zaubertheaterbesuch noch etwas essen oder trinken möchte, dem sei die Stadtperle empfohlen. Das Restaurant an der Kirchdorfer Straße hat eine Bar und eine gemütliche Kaminlounge mit Bibliothek, und im Keller mit der Tanzbar sogar noch eine Eventlounge zum Tanzen.

9 Ostfriesen Bräu

Willkommen im Bierdorf Bagband

Wer Bier nicht nur trinken, sondern es regelrecht erleben möchte, der ist in der Historischen Landbrauerei in Bagband genau richtig. In der etwa 400 Einwohner starken Ortschaft in der Gemeinde Großefehn wird seit 1999 Bier gebraut. Zunächst noch auf der über 100 Jahre alten historischen Anlage, zwei Jahre später dann im neu gebauten, modernen Brauereigebäude. »Bierdorf Bagband« nennt sich das Örtchen seitdem, und ist stolz auf sein zweimal mit dem »Goldenen European Beer Star« ausgezeichnetes Landbier.

Die historische Brauanlage kann im Brauereimuseum besichtigt werden. Bierherstellung, Abfüllung und die Geschichte des Bieres – hier bleiben keine Fragen zum Thema Bier offen. Neben den Brauereiführungen bietet das Team der Landbrauerei auch Bierseminare oder Braukurse an.

Braumeister René Krischer legt viel Wert auf das Handwerk, weshalb in Bagband alle Biere noch immer nach traditioneller Art, wenn auch unter modernsten technischen Gesichtspunkten, hergestellt werden. Neben dem klassischen Bagbander Landbier in Hell und Dunkel werden in Großefehn auch saisonale Biere wie das Bagbander Winterbock oder Spezialitäten wie das Hartog Hinnerk Pils gebraut. Letzteres soll an den Herzog Heinrich von Braunschweig erinnern, der während der Sächsischen Fehde Anfang des 16. Jahrhunderts im Kampf gegen Graf Edzard I. mit seinen Truppen die Festung Leerort belagerte.

Die Biere aus dem beschaulichen Bagband haben es mittlerweile nach ganz Ostfriesland und über die Grenzen hinaus geschafft. Gastronomiebetriebe von Borkum bis Oldenburg und Vertriebspartner in Bremen, Essen und Leverkusen bieten die Landbier-Spezialitäten an.

Wer das Bagbander Landbier dann doch einfach nur in gemütlicher Atmosphäre trinken möchte, für den stehen Brauhaus und Biergarten bereit. Vom leichten Snack bis zur zünftigen Mahlzeit gibt's hier die passende kulinarische Begleitung zum Bier.

Adresse Voerstad 8, 26629 Großefehn | **Anfahrt** B 72, links ab auf B 436/Voerstad | **Öffnungszeiten** Mo und Di Ruhetag, Mi und Do 16–22 Uhr, Fr, Sa, So 11–22 Uhr | **Tipp** Auf dem Platz neben der Bagbander Kirche steht der »Hartog-Hinnerk-Steen«. Ein junger Soldat soll den Findling dort zur Erinnerung an den Tod des Herzogs während der Sächsischen Fehde und dem Sieg der eigenen Truppen aufgestellt und die Initialen HH eingeritzt haben.

10 Das Evers-Denkmal

Oder: Die Geschichte der Zigarrenkiste

»Liebe Mutter! Gott tröste Dich, denn Dein Sohn ist nicht mehr. Ich stehe hier und bitte Gott um Vergebung meiner Sünden. Seid alle gegrüßt. Ich habe das Wasser jetzt bis an die Knie, ich muß gleich ertrinken, denn Hülfe ist nicht mehr da. Gott sei mir Sünder gnädig.« Es sind bewegende Worte, die der erst 21-jährige Tjark Evers in seinem Abschiedsbrief an seine Familie richtet. Dahinter steckt ein tragisches Schicksal, vielleicht eines der tragischsten, die die Nordsee hervorgebracht hat.

Der junge Seefahrtschüler Evers besuchte die Navigationsschule in Timmel und stammte von der Insel Baltrum. Dort wollte er seine Eltern zu Weihnachten 1866 besuchen und bestieg am Morgen des 23. Dezember ein Boot in Richtung Heimat. Im dichten Nebel ließen ihn die Bootsleute jedoch versehentlich nicht am Strand von Baltrum, sondern auf einer Sandbank aussteigen, die bei Flut im Meer versinkt. Dem jungen Seemann war schnell klar, dass er keine Chance hatte, in der rauen Nordsee bei dieser Witterung zu überleben. Den Abschiedsbrief legte er in eine Zigarrenkiste, die er als Geschenk mitgebracht hatte. Sie wurde am 3. Januar 1867 auf Wangerooge angetrieben. Tjark Evers Leichnam wurde nie gefunden.

Das tragische Ende des jungen Mannes und sein rührender Abschiedsbrief machten Evers über Ostfrieslands Grenzen hinaus zu einer Legende. Sein Schicksal ist belegt durch Suchanzeigen der besorgten Eltern in verschiedenen Tageszeitungen Anfang 1867 sowie durch einen Eintrag im Kirchenbuch der evangelisch-lutherischen Kirchengemeinde Baltrum. Auch die Zigarrenkiste mit Inhalt ist erhalten geblieben. Sie wurde von der Familie Evers von Generation zu Generation weitergegeben und ist heute im Museum »Altes Zollhaus« auf Baltrum ausgestellt.

Im Mai 2015 enthüllten die Baltrumer das vom Künstler Bernd Clemenz-Weber erschaffene Evers-Denkmal aus bearbeiteten Sandsteinquadern.

Adresse Westdorf 1009, 26579 Baltrum | Anfahrt Fähre Neßmersiel–Baltrum, vom Fährhafen Baltrum auf Westdorf fahren bis Tjark-Evers-Denkmal | Öffnungszeiten jederzeit zugänglich | Tipp Die »Inselglocke« vor der Alten Inselkirche ist das Wahrzeichen Baltrums. Sie stammt von einem holländischen Segelschiff, das vor der Insel auf Grund lief.

11 Der historische Wellenbrecher

Well ne will dieken, de mutt wieken

Wer nicht deichen will, muss weichen. Diese alte Weisheit gilt natürlich auch auf Baltrum. Seit Jahrhunderten kämpfen die Insulaner mit Küstenschutzmaßnahmen gegen die Fluten der rauen Nordsee an. Und das nicht nur mit Hilfe von Deichen, sondern auch mit speziellen Bauwerken zum Schutz ihrer Insel. Bevor in den 1920er Jahren die massive Strandmauer aus Beton errichtet wurde, diente im 19. Jahrhundert ein hölzernes Pfahlschutzwerk als Wellenbrecher. Damals umspannte die Küstenschutzanlage noch die gesamte Nord-West-Seite der Insel.

Bis heute ist noch ein etwa 300 Meter langes Teilstück der Holzkonstruktion erhalten geblieben. Es befindet sich im nicht so sehr durch Sturmfluten gefährdeten Strandabschnitt zwischen Westkopf und Hafen. Das historische Pfahlschutzwerk besteht aus abgestützten Pfählen und Kanthölzern. Dieses Bauprinzip haben auch die Einwohner der anderen Ostfriesischen Inseln im Laufe der vergangenen Jahrhunderte angewandt, allerdings haben sich diese Art Wellenbrecher nicht ausreichend gegen die schweren Sturmfluten bewährt. Das noch vorhandene Teilstück der hölzernen Palisade wurde im Laufe der Jahre mehrfach instand gesetzt und steht mittlerweile unter Denkmalschutz.

Viele schwere Sturmfluten bedrohten in den letzten Jahrhunderten die Ostfriesischen Inseln. Vor allem die Februarflut 1825, auch »Große Halligflut« genannt, hatte für Baltrum katastrophale Folgen. Im Westen des Eilands kam es zu einem erheblichen Dünenverlust, und die Flut riss die Insel praktisch in zwei Teile. Elf der 14 Wohnhäuser wurden komplett zerstört. Die Einwohner Baltrums konnten sich glücklicherweise alle retten, doch die Dünen am damaligen Westkopf waren so stark beschädigt, dass das Westdorf aufgegeben und nach Osten verlegt werden musste. Eine harte Zeit für die Insulaner, die damals sowieso hauptsächlich vom Fischfang und in großer Armut lebten.

Adresse 26579 Baltrum | Anfahrt Fähre Neßmersiel–Baltrum, ab Anleger zu Fuß über Gezeitenpfad zum Ziel | Öffnungszeiten jederzeit zugänglich | Tipp Eine informative Ausstellung im Obergeschoss des Nationalpark-Hauses widmet sich der Geschichte, der Gegenwart und der Zukunft des Küstenschutzes an unserer Nordseeküste.

12 Der Rosengarten

Abschalten an einem blühenden Ort

Die ostfriesische Halbinsel hat sich als Teil des UNESCO-Weltnaturerbes Niedersächsisches Wattenmeer mit Blick auf Wellness- und Klima-Tourismus längst einen Namen gemacht. Eine durchaus maßgebliche Rolle spielen da die sieben Ostfriesischen Inseln, die – wie auf einer Perlenschnur aufgefädelt – die Nordseeküste schmücken, wenngleich sie, rein pragmatisch gesehen und alles andere als romantisch, für den Küstenschutz als Wellenbrecher gelten. Eine dieser Inseln und zugleich die kleinste ist Baltrum. Wie die Kolleginnen links und rechts hat auch das »Dornröschen« unter ihnen einiges zu bieten.

Zwischen dem Hotel Strandhof und dem Kiefernwäldchen liegt ein kleiner Kurpark, der Rosengarten. Dieser wird seit etlichen Jahren mit viel Liebe und Engagement von Baltrumer Bürgerinnen und Bürgern gepflegt. Alles ehrenamtlich, versteht sich. Der Rosengarten ist der einzige Kurpark auf der Insel. Er soll sowohl für die Insulaner als auch für deren Gäste in erster Linie ein ruhiger und ansehnlicher Ort zum Entspannen sein.

Ein Besuch lohnt sich derweil nicht nur zur Rosenblüte. Unmittelbar am Baltrumer Nordseestrand mit weitem Blick auf den nicht enden wollenden Ozean wirkt dieser Naherholungsort zu jeder Jahreszeit als ebenso stille wie inspirierende Ruhezone. Ein schöner kleiner Park mit viel Grün, feinen Skulpturen und duftenden Pflanzen auf einer kleinen ostfriesischen Insel zwischen den Dünen. Das hat doch etwas!

Das Rosengarten-Team hat vor einiger Zeit übrigens auch ein geräumiges Insektenhotel aufgestellt. Neben der Anlage und Förderung von Kleinstlebensräumen stehen den Insekten dort nützliche Nisthilfen zur Verfügung. So finden auf Baltrum nicht nur die vielen Gäste eine komfortable Unterkunft, sondern auch die Insekten – im eigenen Inselhotel. Und dann doch noch etwas für alle Romantiker: Heiraten kann man im Baltrumer Rosengarten auch!

Adresse Westdorf 169a, 26579 Baltrum | **Anfahrt** Fähre Neßmersiel – Baltrum, ab Anleger zu Fuß zum Kurpark | **Öffnungszeiten** ganzjährig geöffnet | **Tipp** Einen Besuch wert sind unter anderem auch das Museum Altes Zollhaus oder die Alte Inselkirche. Beide Orte sind mühelos zu Fuß zu erreichen.

13 Die »illegale« Straße

Schildbürgerstreich mit versöhnlichem Ende

Die als »längster Schwarzbau der Republik« bekannt gewordene Umgehungsstraße im schönen Küstenbadeort Bensersiel im Landkreis Wittmund hat es doch noch in die Legalität geschafft. Nach jahrelangem Streit, heftigem Kopfschütteln und jeder Menge Fassungslosigkeit bei den Bürgerinnen und Bürgern sowie etlichen Klagen ist sie im März 2021 endlich und offiziell für den Verkehr freigegeben worden. Die 2,1 Kilometer lange Straße sollte – so der Plan – für Entlastung sorgen und die Verkehrsströme der Reisenden optimieren. Nach einem Gerichtsentscheid im Jahr 2017 war sie aber zunächst gesperrt worden. Grund: Sie führt mitten durch ein Vogelschutzgebiet.

Mit einem Eigentümer, dem knapp die Hälfte der Straßenfläche gehörte, einigte sich die Kommune nach viel Hin und Her auf eine Kaufsumme von vier Millionen Euro. Der zunächst illegale Bau dieser Fahrbahn hatte zwischen 2009 und 2011 rund 8,4 Millionen Euro gekostet. Über einen neuen Bebauungsplan versuchte die Stadt Esens, zu der der Badeort Bensersiel gehört, den »teuersten Schwarzbau Niedersachsens« nachträglich zu legalisieren. Kaufangebote der Stadt hatte der Eigentümer zunächst mehrfach kategorisch abgelehnt.

Tatsächlich lähmte der langwierige und ausgesprochen peinliche Rechtsstreit die Gemeinde über viele Jahre hinweg, bis der Eigentümer initiativ wurde und ein neues Gespräch anbot. Am Ende gab der Esenser Stadtrat grünes Licht und machte damit den Weg frei für die Nutzung der bis dahin verwaisten Umgehung, womit die drei noch laufenden Klagen des früheren Eigentümers vom Tisch und die Straße legal war – ein für alle Male. Also konnten die Absperrbaken endlich entfernt werden, sodass es ab sofort hieß: »Freie Fahrt auf dem ehemaligen längsten Schwarzbau der Republik.« Bei der Vertragsunterzeichnung dominierte entspanntes Durchatmen. Was sicher nicht für die Vögel im Schutzgebiet gilt. Sie jedoch wurden nicht gefragt.

Adresse L 5 zwischen Hauptstraße und Westbense in 26427 Bensersiel | Anfahrt ab Esens über die Bensersieler Straße | Tipp Die Strandpromenade des Nordseeheilbads Bensersiel hat sehr schöne Strandabschnitte. Besonders für Familien mit Kindern lohnt sich ein Besuch.

14 Der Fahrradrastplatz

Pause zwischen Wasser und Weite

Sie ist schon von Weitem zu erkennen, die riesige Fahrradstatue auf dem Rastplatz bei Bingum, dem einzigen Stadtteil von Leer, der westlich der Ems und somit im Rheiderland liegt. Die spektakuläre Stahlrohrplastik in Form eines Drahtesels zeigt deutlich, für wen dieses Örtchen geschaffen wurde. Nämlich für alle, die auf einer Radtour durch Ostfriesland unterwegs sind und eine Pause zum Verschnaufen einlegen wollen.

Der Rastplatz liegt direkt an der Ostfrieslandradtour »Wasser und Weite«. Die Route führt entlang der Flüsse Leda und Jümme und beinhaltet die sogenannte Mini-Kreuzfahrt über die Ems. Dabei fährt man auf der »MS Dollard« etwa zweieinhalb Stunden von Ditzum nach Leer (oder andersherum). Unterwegs durchquert man das Emssperrwerk und passiert die Ziegelei in Midlum. Anschließend durchfährt das Schiff die Jann-Berghaus-Brücke, die dafür geöffnet werden muss. Die Brücke zwischen den Leeraner Stadtteilen Leerort und Bingum gehört zu den längsten Klappbrücken Europas. Die Fahrradstaue auf dem Rastplatz bei Bingum ist übrigens schon von der Jann-Berghaus-Brücke aus zu sehen. Auf der Radtour »Wasser und Weite« spielt sich also alles am und auf dem Wasser ab, und dazu gibt's, typisch Ostfriesland, weites, flaches Land, so weit das Auge reicht.

Neben der Radtour »Wasser und Weite« gibt es noch drei weitere Kultur(rad)touren durch Ostfriesland. Die vier Mottotouren erschließen zusammen die gesamte ostfriesische Halbinsel. Die Tour »Seeräuber und Häuptlinge« führt an der Kunsthalle Emden, dem Kloster in Ihlow, dem Fischerdorf Greetsiel und an Norden, Dornum und Aurich vorbei. Auf der Route »Gärten und Schlösser« sind der Park der Gärten in Bad Zwischenahn, das Blumenreich Wiesmoor und verschiedenen Schlösser die Highlights. Die Ostfrieslandradtour »Alte und neue Häfen« geht über die historischen Sielhäfen bis hin zum Tiefwasserhafen JadeWeserPort.

Adresse Amdorfer Straße, 26789 Leer | Anfahrt ab Leer über die B 436, rechts auf Daaler Straße, links auf Ritterstraße bei der Gabelung Ritterstraße / Amdorfer Straße | Öffnungszeiten jederzeit zugänglich | Tipp Im benachbarten Leeraner Stadtteil Leerort sind noch die Überreste der ehemaligen Festung Leerort zu sehen. Sie hatte im späten Mittelalter eine große Bedeutung für ganz Ostfriesland.

15_Das Emmich-Denkmal

Umstrittener Gedenkstein in den Dünen

Zwischen dem Borkumer Flugplatz und dem Ortsteil Ostland befindet sich mitten in den Dünen eine durchaus beeindruckende Gedenkstätte. Eine große Treppenanlage aus Ziegelmauerwerk ist in die Anhöhe eingearbeitet, auf der ersten Ebene thront ein massiver Steinquader, auf dem Waffen und Helm ruhen. Seine Inschrift: »Dem General der Infanterie Otto von Emmich, dem Eroberer von Lüttich«.

Als die Gedenkstätte im September 1917 feierlich eingeweiht wurde, galt General Otto von Emmich als Kriegsheld. Der Kommandant der Festung Borkum, Oberstleutnant Ruppricht, hielt eine Lobrede auf den 1915 verstorbenen General. Das Ereignis und die Rede wurden in der Kriegszeitung der Festung Borkum ausführlich beschrieben. »Der General der Infanterie von Emmich (…) hat als solcher eine außerordentliche Beliebtheit genossen durch seine gerade, vornehme, echt soldatische Natur, durch sein unbegrenztes Wohlwollen für alle seine Untergebenen und durch sein schlichtes und liebenswürdiges Wesen.«

Das haben die Belgier vermutlich anders gesehen. Otto von Emmich, der das erste auf Borkum stationierte Regiment befehligte, eroberte im August 1914 mit Ausbruch des Ersten Weltkriegs die Stadt Lüttich im neutralen Belgien. Dabei kam es wohl auch unter seinem Befehl zu grausamen Kriegsverbrechen gegenüber der Bevölkerung. Während die Invasion im Deutschen Reich als Triumph gefeiert wurde, nannten die Gegner sie nur »Die Schändung von Belgien«.

Als das Denkmal 1917 auf Borkum eingeweiht wurde, steuerte das Deutsche Reich bereits auf seine militärische Niederlage zu, und Millionen Soldaten starben auf dem Schlachtfeld. Aus heutiger Sicht ist Emmichs Ruhm daher äußerst fragwürdig. Die Stadt Borkum distanziert sich deshalb heute klar von dem ursprünglichen Motiv der Errichtung des Emmich-Denkmals. Es soll nun an die Opfer des Ersten Weltkriegs erinnern und für Frieden in Europa stehen.

Adresse Ostfriesenstraße 112, 26757 Borkum | **Anfahrt** Fähre Emden – Borkum, vom Fährhafen Borkum auf Reedestraße in Richtung Am Neuen Hafen, dann rechts abbiegen auf Ostfriesenstraße | **Öffnungszeiten** jederzeit zugänglich | **Tipp** Ein weiteres interessantes Denkmal auf Borkum ist das »Berliner-Mauer-Denkmal« am Neuen Leuchtturm. Es gibt ein Foto vom August 1965, auf dem Willy Brandt mit dem Mauerstück im Hintergrund zu sehen ist.

16 Das Nordsee Aquarium

Das Wattenmeer in 16 Becken

Die Unterwasserwelt rund um Borkum erkunden und dabei trocken bleiben? Das geht im Nordsee Aquarium. Seit den 1970er Jahren gibt es die Nordsee-WG an der Südpromenade der größten Ostfriesischen Insel. Von der Aalmutter bis zum Zypressenmoos – wer die vielfältige Tier- und Pflanzenwelt der Nordsee kennenlernen will, der ist auf Borkum genau richtig. Im Nordsee-Aquarium sind in 16 Becken verschiedene Unterwasser-Lebensräume dargestellt. Da ist beispielsweise der Bereich »Muschelbank«. Im Wattfahrwasser vor Borkum gibt es große Muschelbänke am Meeresboden. Sie sind die Lebensgrundlage für unzählige Kleinlebewesen.

Im Becken Nummer 1 geht es um das »Borkum Riff«. Hier herrschen starke Strömungen aus verschiedenen Richtungen, und es gibt viele Untiefen. Daher ist das Riff ein gefährliches Pflaster, aber der Lebensraum vieler interessanter Lebewesen. Die starken Strömungen am Riff, dessen Untergrund aus Geröll und Sand besteht, entstehen übrigens durch die Einflüsse der Weser- und Osterems und natürlich durch die Gezeiten. Ein weiteres Becken beschäftigt sich mit dem Thema »Strand und Buhne« und den Tierchen, die an den Bollwerken gegen Sturmfluten ihren Lebensraum gefunden haben. Das sind zum Beispiel Strandkrabben, Einsiedlerkrebse und Röhrenwürmer. Die Aquarien spiegeln die unterschiedlichen Lebensräume im Meer rund um Borkum wider und geben einen faszinierenden Einblick in die Artenvielfalt des Wattenmeers – von der Bakterie bis zum großen Meeressäuger.

Im Ausstellungsraum neben dem Aquarium gibt's Infos zu allen wichtigen Themen rund um die Nordsee. Dabei geht's beispielsweise um deren Entstehung und um die Nahrungsketten im Lebensraum Wattenmeer. Ein weiteres großes Thema ist die Auswirkung des Klimawandels auf das Weltkulturerbe. Zusammen mit dem angrenzenden Ärmelkanal ist die Nordsee die am dichtesten befahrene Schifffahrtregion der Welt.

Adresse Von-Frese-Straße 46, 26757 Borkum | Anfahrt mit der Fähre ab Emden nach Borkum, von dort bis zum Ende der Von-Frese-Straße, direkt am Strand | Öffnungszeiten Sa, So und Mo 11–16 Uhr, Info unter www.borkum.de | Tipp Borkum hat wunderschöne Strände. Unterteilt in das Nordbad, das Südbad, das Jugendbad und den FKK-Strand ist hier für jeden etwas dabei, und Aktivurlauber sowie Erholungsuchende kommen voll auf ihre Kosten.

17 Der Walknochenzaun

... in dieser Größe weltweit einmalig

Der Walfang prägte Borkum im 17. und 18. Jahrhundert. Jungen und Männer heuerten als Harpuniere oder Ruderer auf Walfangschiffen Hamburger, Bremer, Emder oder niederländischer Reeder an. Die Insulaner fuhren jedes Frühjahr in die Gewässer vor Grönland, um dort die mächtigen Tiere zu erlegen. Dabei gingen sie ein hohes Risiko ein, denn Erfolg war nicht garantiert, und die Männer begaben sich auf ihrer Jagd in große Gefahr. Doch die Aussicht auf gutes Geld lockte viele Borkumer in den Arktischen Ozean. Borkums bekanntester Walfänger war Roelof Gerrits Meyer, der zwischen 1736 und 1786 auf 47 Fahrten 311 Wale erlegte.

Von Borkums Walfänger-Vergangenheit zeugt ein Relikt der besonderen Art: der Walknochenzaun. Er ist – neben dem Walfängerfriedhof am Alten Leuchtturm – eine der größten Attraktionen der Insel und ein einzigartiges Kulturgut. Denn in dieser Größe und derart gut erhalten gibt es weltweit keinen Walknochenzaun mehr. Sowieso gab es derartige Bauwerke nur auf den friesischen Inseln. Lediglich auf Ameland, Schiermonnikoog und Föhr gibt es noch kleine Reste. Der Borkumer Walknochenzaun hat also weltweit kulturhistorische Bedeutung.

Der Walknochenzaun besteht aus den Kinnladen der erlegten Grönlandwale. Die Borkumer Walfänger durften sie mit nach Hause nehmen und verwendeten sie vor ihren Häusern als Schutz vor dem Sandflug. Im 17. und 18. Jahrhundert war Borkum noch wenig befestigt, es gab kaum Bäume und Sträucher, die Häuser und Gärten vor Sandverwehungen hätten schützen können. So waren die Walknochen im Vorgarten der Borkumer keineswegs Trophäen, sondern nützliche und kostenlose Mittel zum Schutz ihres Hab und Guts.

Wie gesagt, Wale waren und sind ein großes Thema auf Borkum. Auf der ganzen Insel sind Tafeln verteilt, die über verschiedene Walarten, Borkums Geschichte mit dem Walfang und viele andere spannende Themen informieren.

Adresse Kirchenallee, 26757 Borkum | Anfahrt Fähre Emden–Borkum, ab Anleger auf Reedestraße/Blumenstraße, links auf Wilhelm-Bakker-Straße, links auf Kirchenallee | Tipp Noch nicht genug vom Wal? Täglich um 11 Uhr pustet ein Nordkaper-Wal-Nachbau sein Wasser über die Borkumer Promenade und beeindruckt mit seinen Gesängen.

18 Die Deichkirche

Wenn der Bauplatz zum Alleinstellungsmerkmal wird

Fangen wir mal direkt mit den Fakten an, welche die Deichkirche in Carolinensiel zu etwas ganz Besonderem machen: Die Deichkirche ist die einzige Kirche an der Küste, die auf einem Deich gebaut wurde. Und sie ist außerdem eine von zwei Kirchen weltweit (!), die überhaupt je auf einem Deich errichtet wurden. Wenn das mal kein Alleinstellungsmerkmal ist.

Die evangelisch-lutherische Deichkirche Carolinensiel ist eine schlichte Saalkirche aus Backstein. Sie wurde 1776 erbaut und steht mittlerweile unter Denkmalschutz. Auch der Innenraum ist eher schlicht gehalten, es dominiert eine barocke Altarkanzel. Die Orgel, die 1782 zusammen mit der Empore eingebaut wurde, stammt vom Wittmunder Orgelbauer Hinrich-Just Müller. Etwas Besonderes sind die drei Schiffsmodelle. Sie wurden von Gläubigen als Votivgaben gestiftet. Auf der linken Seite des Altars steht die Brigg »Venus« von 1776, rechts davon die Fregatte »Alje Mehrings« von 1921, und an der Nordseite die Dreimastbark »Marie Emilie« von 1985.

Den Glockenturm bauten die Carolinensieler 1793 getrennt von der Kirche. Wegen der häufigen Stürme an der Küste ist er eher niedrig gebaut, typisch für Küstenkirchen. Dennoch dient er als Landmarke für die Seeschifffahrt. Auf seiner Spitze trägt der Kirchenturm das Symbol der Lutheraner, einen Schwan.

Woher stammt eigentlich der Name Carolinensiel? Ortsgründer des Fischerdorfs und Sielorts war 1730 Georg Albrecht von Ostfriesland. Der Fürst aus dem Geschlecht der Cirksena regierte von 1708 bis zu seinem Tod 1734 die Grafschaft Ostfriesland. Er widmete den Sielhafen seiner zweiten Gemahlin Sophie Karoline von Brandenburg-Kulmbach. Der Fürst schenkte seiner Frau den Hof »Fürstinnen-Grashaus«, aus dem sie bis zu ihrem Tod Einkünfte bezog. Das Hofgebäude ist in seiner Grundsubstanz bis heute erhalten und genau wie die Deichkirche Teil des Museumswegs Carolinensiel.

Adresse Pumphusen 2, 26409 Wittmund, Tel. 04464/210 | **Anfahrt** ab Wittmund die B 461 bis Carolinensiel, links abbiegen auf Kirchstraße, rechts abbiegen auf Pumphusen | **Öffnungszeiten** April–bis Okt. sowie Weihnachten bis Epiphanias Di bis So 10–17 Uhr | **Tipp** Eine Skulptur der Namensgeberin von Carolinensiel steht seit 2005 am historischen Museumshafen. »Caroline« wurde von den Esenser Künstlern Peters und Petersen gestaltet.

19_Die Ledabrücke

Deutschlands schmalste Autobrücke

Einen echten Superlativ hat der Landkreis Leer zu bieten. Im Örtchen Amdorf führt eine kleine Brücke über den Fluss Leda. Die Ledabrücke ist etwa 50 Meter lang und – Achtung – die Fahrspur nur 1,8 Meter breit! Damit gilt sie als die schmalste Autobrücke Deutschlands und macht das Örtchen Amdorf weit über die Grenzen Ostfrieslands hinaus bekannt.

Anstelle der Brücke gab es hier zunächst eine Fährverbindung über das Flüsschen Leda. Und das schon seit 1886. Mit einem Ruderboot wurde der Transport von Personen und Gütern zwischen den kleinen Orten an der Leda von privaten Betreibern sichergestellt. Da der Betrieb aber auf Dauer nicht kostendeckend war und bezuschusst werden musste, stellten die Amdorfer den Fährbetrieb schließlich ein und begannen 1955 mit dem Bau einer Brücke. Ein Jahr später konnte sie für den Verkehr freigegeben werden.

Die Fachwerkbogenbrücke wurde zuletzt 2011 saniert. Seitdem gibt's auf der schmalen Brücke sogar eine Haltebucht für Radfahrende. Außerdem wurde die hölzerne Fahrbahn durch eine Gitterrostkonstruktion ersetzt, denn die Eichenbohlen waren marode.

Die Ledabrücke in Amdorf ist nicht nur die schmalste Autobrücke Deutschlands, sondern auch eine der schmalsten in ganz Europa. Da soll mal einer sagen, Ostfriesland sei nicht vorn mit dabei! Wer im Landkreis Leer unterwegs ist, sollte der Amdorfer Ledabrücke einen Besuch abstatten. Wer kann schon von sich behaupten, ein echtes Alleinstellungsmerkmal Deutschlands überquert zu haben. Vielleicht ist das Fahrrad hier aus Sicherheitsgründen das Verkehrsmittel der Wahl. Für Wagemutige ist absolute Konzentration bei der Autofahrt über die Brücke zu empfehlen. Denn obwohl Gegenverkehr logischerweise ausgeschlossen ist, gibt's ansonsten schnell mal ein Souvenir in Form eines Lackkratzers. Und diese Art Andenken an die schmalste Autobrücke Deutschlands ist nur auf den ersten Blick gratis.

Adresse Trappenweg, 26847 Detern-Amdorf, | **Anfahrt** B 70 in Richtung Leer, Nettelburger Straße bis Trappenweg | **Tipp** Die Amdorfer Kirche hält einen ganz besonderen Schatz bereit: Zu ihrer Ausstattung gehört ein Abendmahlkelch von etwa 1300, der als der älteste Ostfrieslands gilt.

20 Der Wehrturm von Stickhausen

Ostfrieslands Absicherung nach Südosten

In der Gemeinde Detern im Landkreis Leer liegt der kleine Ort Stickhausen. So unspektakulär das Fleckchen Erde heute auf den ersten Blick erscheinen mag, umso größer war seine Bedeutung im Mittelalter und der frühen Neuzeit. Und zwar so groß, dass die Hansestadt Hamburg genau hier eine Burg errichten ließ, um ihre Handelswege in den Westen zu schützen. Stickhausen liegt im ostfriesischen Zweistromland, dem Leda-Jümme-Gebiet. Die beiden Flüsse waren vor 600 Jahren wichtige Handelsrouten, weil sie von Osten nach Westen fließen. Die Burg Stickhausen sollte also den südöstlichen Eingang Ostfrieslands bewachen und Eindringlinge aus dem benachbarten Oldenburgischen Gebiet abwehren.

Auch wenn die Burg im 15. Jahrhundert in die Hände der ostfriesischen Grafenfamilie Cirksena fiel, war sie nie Häuptlingssitz. Graf Edzard ließ 1498 den Wehrturm errichten. Dieser ist heute das einzige erhaltene Bauwerk der Burg. An dieser Stelle eine kurze Erklärung zum Begriff »Häuptling«: Die ostfriesischen Anführer nannten sich selbst Häuptlinge (friesisch »Hovedlinge«), diese Selbstbezeichnung übernehmen wir aufgrund ihrer historischen Korrektheit für unser Buch.

Nach mehreren Besitzerwechseln sah Friedrich der Große schließlich keine Verwendung mehr für die Burg und befahl deren Abriss. Nachdem die Burg Stickhausen also viele Jahrhunderte ihren Dienst als Wachposten getan hatte, verlor sie Anfang des 19. Jahrhunderts ihre militärische Bedeutung und wurde zum Sitz der Verwaltung Stickhausens und des Amtsgerichts. Das Burggelände befand sich viele Jahre in privaten Händen, bis die Samtgemeinde Jümme es 2019 kaufte und den Wehrturm umfangreich sanieren ließ. Heute entsteht im Turm ein Museum, wie es bereits in den 1950er bis zu den 1970er Jahren bestand. Mitglieder des Burgvereins bieten gegen eine freiwillige Spende zum Aufbau des Museums Turmführungen an.

Adresse Burgstraße, 26847 Detern | Anfahrt B 72, Ausfahrt Stickhausen/Augustfehn/Potshausen nehmen, L 21 folgen, L 821 bis Burgstraße | Tipp Die St.-Stephani-und-Bartholomäi-Kirche in Detern hat eine spannende Vergangenheit. 1399 geriet der ostfriesische Häuptling Widzeld tom Brok in einen Hinterhalt und floh in die Kirche. Seine Feinde zündeten das Gotteshaus an, und der Herrscher verbrannte hier mit seiner Gefolgschaft.

21 Die Unterems-Fähre

Wo schon Urfriesen den Fluss überquerten

Sie ist das Bindeglied zwischen dem nördlichen Rheiderland und der Stadt Emden und die einzige verbliebene Fährverbindung über die Unterems in Niedersachsen. Die Fähre Ditzum – Petkum verbindet ebenjene beiden Ortschaften, und das seit mehr als 600 Jahren. Das gemütliche Hafenörtchen Ditzum ist ein Ortsteil der Gemeinde Jemgum im Landkreis Leer im Rheiderland, und Petkum ist ein Stadtteil von Emden, der westlichsten Seehafenstadt Deutschlands. Die beiden Orte liegen sich an den Ufern der Ems gegenüber.

Bereits im 15. Jahrhundert überquerten hier die Ostfriesen den Fluss, der etwa 27 Kilometer nordwestlich von Emden in die Nordsee mündet. Zunächst lag das Fährrecht allerdings nur bei den Häuptlingen aus Petkum, bis es 1711 an das Kirchspiel (den Pfarrbezirk) Ditzum überging.

Bis zum Ende des 19. Jahrhunderts bestand die Fährflotte noch aus Lastkähnen, Segel- und Ruderbooten, und der Betrieb der Fähren musste sich nach den Gezeiten richten. Seit 1926 überquert die heutige kleine Wagenmotorfähre täglich die Unterems. Sie wurde also vor fast 100 Jahren gebaut, und zwar in der über die Grenzen Ostfrieslands hinaus bekannten Meyer-Werft in Papenburg.

Heutzutage kann man die Ems natürlich auch auf einigen anderen Wegen überqueren. Eine Möglichkeit bietet der etwa Kilometer flussaufwärts der Fähre gelegene Emstunnel bei Leer. Die Fähre Ditzum – Petkum spielt aber nach wie vor für die Infrastruktur und den Tourismus in der Region eine große Rolle. Sie wird vor allem von Pendlern, die am Industriestandort Emden arbeiten und im Rheiderland wohnen, genutzt. In den Sommermonaten machen Touristen einen Großteil der Passagiere aus, da die Fernradwege »Dollartroute«, »Nordseeküsten-Radweg« und »Emsradweg« über die Fähre verlaufen. Sie transportiert Fußgänger, Fahrräder, Motorräder und bis zu drei Autos auf einmal. Die Überquerung der Unterems dauert etwa 20 Minuten.

Adresse Fährstraße 77, 26725 Emden | **Anfahrt** ab Emden Stadtmitte auf Leeraner Straße bis Petkum, abbiegen auf Fährstraße bis Anleger. Infos Landkreis Leer, Tel. 0491926/1371; Fahrplan: www.landkreis-leer.de/Leben-Lernen/Tourismus/Fähre-Ditzum-Petkum | **Tipp** Ein ganz besonderes friesisches Steinhaus steht in der Lange Straße in Jemgum. Im »Albahaus« von 1567 soll der spanische Herzog Alba nach der Schlacht von Jemgum 1568 übernachtet haben.

22 Die Familien-Krypta

Kulturhistorischer Schatz der Bartholomäuskirche

Eine Falltür vor dem Hochaltar. Eine schmale Treppe, die in einen kleinen Vorraum der Kirchengruft führt. Dahinter ein enger, kühler Gewölbekeller mit acht Holzsärgen, versehen mit Inschriften, eingeritzt oder aufgeschrieben. Besonders auffällig: die zwei Kindersärge. Welche Geschichte steckt hinter der Krypta der Dornumer St.-Bartholomäus-Kirche?

Das ostfriesische Adelsgeschlecht Van den Clooster stammt ursprünglich aus der niederländischen Provinz Drenthe. Eine frühe Abzweigung des Geschlechts bildeten die Nachfahren von Geerdt van den Clooster, der Ende des 15. Jahrhunderts Almeth Kankena von Dornum heiratete und dessen Name in Von Closter eingedeutscht wurde. Geerdt von Closter stand im Dienst des Grafen Edzard I., Graf von Ostfriesland aus der Adelsfamilie Cirksena. Als die Sachsen 1514 Appingdam eroberten, verlor Geerdt, der die Stadt verteidigen wollte, sein Leben. Nachdem auch Almeth Kankena 1556 gestorben war, erhielt ihr Sohn Hero die Herrlichkeit Dornum.

Später spielte Haro Joachim von Closter (1661–1727) als Herr von Dornum eine große Rolle. Er gehörte als Landtagspräsident und Ältester der Ritterschaft zu den Hauptanführern der ständischen Opposition. Da er über viel Geld verfügte, ließ er die Kirche in Dornum mit einer neuen Orgel und einem prachtvollen Barockaltar ausschmücken. Allerdings hinterließ Haro Joachim von Closter nur Töchter, sodass sein Name ausstarb. Seine jüngste Tochter heiratete in die württembergische Familie von Wallbrunn ein, die die Herrlichkeit Dornum übernahmen. Allerdings verlor Dornum von nun an auch an politischer Bedeutung in Ostfriesland, da die neuen Besitzer meist nicht persönlich anwesend waren.

In der Krypta der St.-Bartholomäus-Kirche in Dornum fanden die von Closters von 1595 bis 1728 ihre letzte Ruhestätte. Im Zuge der Restaurierung 2011 wurden die historischen Holzsärge rekonstruiert.

Adresse Kirchstraße 19, 26553 Dornum | **Anfahrt** Dornumer Straße/Bahnhofstraße bis Dornum, Parkplatz Schatthauser Straße, zu Fuß nur wenige Meter | **Öffnungszeiten** unter www.dornum.de | **Tipp** Eine weitere Besonderheit der St.-Bartholomäus-Kirche in Dornum ist die Orgel des Orgelbauers Gerhard von Holy. Sie ist die zweitgrößte historische Orgel Ostfrieslands und wird als »Instrument von europäischer Bedeutung« eingestuft.

23 Die Synagoge

Spuren einer außergewöhnlichen jüdischen Familie

Zugegeben, eine Synagoge ist zunächst kein Alleinstellungsmerkmal. Aber die in der Gemeinde Dornum im Landkreis Aurich ist das einzige erhaltene jüdische Gotteshaus in ganz Ostfriesland. Vermutlich haben die Nationalsozialisten das Gebäude in der Pogromnacht 1938 nicht niedergebrannt, weil es mitten im Dorf eng zwischen den anderen Häusern Dornums stand.

Die Synagoge ist der einzige verbliebene Hinweis auf eine ganz besondere jüdische Familie, die einst in Dornum lebte. Mitte des 19. Jahrhunderts kannte jeder im Dorf Louis »Lafe« und Fanny Schönberg mit ihren acht Kindern. Lafe stellte Regenschirme her und verkaufte sie auf den Märkten an der Küste.

Bekannt war er aber für sein Talent als Bauchredner, mit dem er seine Mitmenschen regelmäßig belustigte und auch schon mal aufs Korn nahm. Einmal soll er die Magd Marta beim Melken derart erschrocken haben, dass sie schreiend davonlief. Lafe hatte sich neben den Kopf der Kuh gestellt und mit dem Bauch sprechend auf Plattdeutsch gesagt: »Mein Gott Marta, was hast du heute kalte Hände!« So bekam Dornum damals den Beinamen »Das Dorf der sprechenden Kuh«.

Lafe Schönbergs Frau Fanny spielte Harfe und war Jodlerin. Die jüdische Künstlerfamilie wanderte 1880 nach New York aus, wo eine der Töchter, Miene, 1884 Sam Marx heiratete. Und jetzt kommt's: Die Söhne der beiden waren keine Geringeren als die Marx Brothers. Die fünf Männer zählten jahrzehntelang zu den beliebtesten Komikern Amerikas und wurden in den 1920er bis 1940er Jahren mit Theater-, Film- und Fernsehauftritten weltbekannt.

Die Dornumer nutzten das Synagogen-Gebäude einige Jahrzehnte lang als Geschäftshaus und Möbellager. Seit der Restaurierung 1992 ist es nun Gedenkstätte. Bei einer Führung durch die Synagoge erfährt man Spannendes über das jüdische Leben in Dornum. Auch über die Schönbergs und ihre außergewöhnliche Lebensgeschichte.

Adresse Kirchstraße 3, 26553 Dornum | Anfahrt Dornumer Straße/Bahnhofstraße bis Dornum, Parkplatz Schatthauser Straße, zu Fuß über Kirchstraße bis Synagoge | Öffnungszeiten Fr–So 15–17 Uhr und nach Vereinbarung, Info Tel. 04933/342 | Tipp Besuchen Sie auch den Jüdischen Friedhof in Dornum am Ende der Marktstraße. Eine Grabplatte von 1721 ist der älteste erhaltene Grabstein.

24 Der Nivea-Ball

Der letzte seiner Art

Ein wahres Monument deutscher Zeitgeschichte ist der Nivea-Ball am Strand von Dornumersiel. Denn als in den 1970er Jahren der Tourismus an der deutschen Nordseeküste so richtig ins Rollen kam, da rollte auch die große blaue Kugel an den Strand. Genau genommen war das 1973. Und seitdem kriegt den Ball da niemand mehr weg.

Bereits drei Jahre zuvor hatte das Verkehrsbüro in Dornumersiel eine schriftliche Anfrage der Firma Beiersdorf aus Hamburg erhalten. Ob Interesse an der Errichtung eines DLRG-Rettungs- und Beobachtungsturms bestünde? Die Verantwortlichen in Dornumersiel gaben dem blauen Werbeträger grünes Licht. Zu dem Zeitpunkt gab es bereits 16 Wachtürme mit Nivea-Ball an der Ost- und zwei an der Nordsee.

Klar, für Beiersdorf und Nivea war die Strandkampagne ein super Werbedeal. Aber die Türme hatten unbestritten ihre Berechtigung. Wie gesagt, boomte der Nordseetourismus in den 1970er Jahren. Die Strände der Nord- und Ostseeküste wurden immer größer und voller, und die Retter der DLRG (Deutsche Lebens-Rettungs-Gesellschaft) kamen so langsam ins Rudern. Der DLRG waren die Türme eine enorme Hilfe, da die Wachposten im Glaskasten unter dem Ball die Badegäste nun bestens im Blick hatten. Außerdem dient der riesige blaue Ball aus glasfaserverstärktem Kunststoff in zehn Meter Höhe auch als Orientierungspunkt für Wattwanderer und Schwimmer.

Der Nivea-Ball am Strand von Dornumersiel ist mittlerweile Treffpunkt, Kultobjekt und Fotomotiv geworden und nicht mehr wegzudenken. Während an den anderen Stränden die baufälligen Türme nach und nach verschwanden, ließen die Dornumersieler ihren samt Ball runderneuern. Die blaue Kugel ist somit die letzte ihrer Art und ein ostfriesisches Alleinstellungsmerkmal. Klar, dass die Küstenbewohner stolz auf ihr Kulturdenkmal sind. 2023 feiert der Nivea-Ball am Strand von Dornumersiel seinen 50. Geburtstag!

Adresse 26553 Dornumersiel | Anfahrt ab Dornum über Schatthauser Straße, rechts auf Störtebekerstraße, links in Hafenstraße / Strand | Öffnungszeiten jederzeit zugänglich | Tipp Das Nationalpark-Haus Dornumersiel vermittelt auf spielerische Art Wissen über den Naturraum Wattenmeer. Die spannende Erlebnisausstellung und das Veranstaltungsprogramm sind für Groß und Klein geeignet.

25 Das Zwei-Siele-Museum

Die Geschichte der Siele im alten Kapitänshaus

Wer in Ostfriesland Urlaub macht, der landet irgendwann höchstwahrscheinlich in einem Sielort. Carolinensiel, Bensersiel, Greetsiel, Neßmersiel – um nur einige zu nennen –, sie alle liegen direkt hinterm Deich. Wer also ans Meer will, der muss eigentlich zwangsläufig durch einen Sielort. Und nicht wenige verbringen gleich den ganzen Urlaub hier. Heute für ihre gemütliche, maritime Urlaubsidylle bekannt, zeugen die Sielorte in Ostfriesland aber auch von dem oft harten Kampf der Küstenbewohner gegen die raue See.

Diese Geschichte erzählt das Zwei-Siele-Museum. Natürlich auch in einem Sielort, nämlich in der historisch gewachsenen Dorfgemeinschaft Dornumersiel-Westeraccumersiel gelegen. Am ehemaligen Hafen von Westeraccumersiel steht das historische Kapitänshaus von 1696, das nach umfangreicher Sanierung seit 2019 das Zwei-Siele-Museum beherbergt. Originale Möbel und Accessoires aus den Jahren 1700 bis 1900 zeigen, wie ein Kapitän damals mit seiner Familie gelebt hat.

Das Leben der Kapitäne in den Sielorten ist nur ein Thema im Zwei-Siele-Museum. Natürlich geht es hauptsächlich um die Geschichte und die Aufgabe der Siele und Sielhäfen, wie sie das Leben der Küstenbewohner geprägt haben und bis heute prägen. Warum gab es in Dornumersiel-Westeraccumersiel mal zwei Siele? Welche Schiffe wurden hier damals gebaut? Und wie sah das Leben von Sielwärtern, Kapitänen, Schiffsbauern und Fischern an der ostfriesischen Nordseeküste aus? Antworten darauf gibt's im Zwei-Siele-Museum.

Zum Schluss noch zu einer nicht ganz unwichtigen Frage. Was ist eigentlich ein Siel? Die Kurzversion: Deiche halten das Meerwasser zurück, aber auch das Regenwasser auf der anderen Seite. Um es kontrolliert ausleiten zu können, braucht es einen verschließbaren Wasserdurchlass im Deich, ein Ventil zur Entwässerung des Binnenlandes. Mehr Infos gefällig? Dann auf ins Zwei-Siele-Museum.

Adresse Am Alten Hafen 1, 26553 Dornum | Anfahrt B 210 bis Dornum über Butenhusener Straße bis Cassen-Eilts-Pad | Öffnungszeiten April – Okt. Di-So 14 – 17 Uhr | Tipp Alles über das Wasser und die Natur an der Küste erfahren Sie im maritimen Kurpark in Dornumersiel. Der SeeparkWest verläuft an der Westseite des Mahlbusens entlang und glänzt mit abwechslungsreich gestalteten Themengärten.

26 Der Chinesentempel

Von der Bedürfnisanstalt zum Museum

Ein Tempel in der ostfriesischen Hafenstadt Emden? Klingt erst mal ziemlich abwegig. Aber das runde Häuschen mit dem hutartigen Dach im asiatischen Stil an der Boltentorstraße hat mit Religion nicht wirklich etwas zu tun. Seinen Namen verdankt es wohl seinem pagodenhaften Aussehen, das an einen heiligen Ort in Fernost erinnert. Den Pavillon errichteten die Emder 1929 nach Plänen der Stadtarchitekten Walter Luckau und Walter Heim im Stil des damals angesagten Backsteinexpressionismus. Zusammen mit der Boltentorbrücke und der Straßenlampe auf der gegenüberliegenden Seite, die ebenfalls von Walter Luckau entworfen wurden, bildet der Chinesentempel heute ein Kulturdenkmal in der Hafenstadt.

Der Chinesentempel hat noch zwei weitere Namen. Er wird auch als Säulenhäuschen und als Mützelburg bezeichnet. Letzterer bezieht sich auf den zur Erbauungszeit regierenden Emder Oberbürgermeister Wilhelm Mützelburg.

So außergewöhnlich Name und Architektur des Gebäudes sind, so profan war sein ursprünglicher Zweck: Der Chinesentempel diente in den 1920er Jahren zunächst als öffentliche Toilette, damals noch Bedürfnisanstalt genannt. Später wurde die Mützelburg zum Kiosk und dann lange Jahre zur Künstlerwerkstatt und Galerie. Zurzeit steht das Gebäude ohne Ecken und Kanten leer. Es soll denkmalgerecht saniert und ab 2024 vom Ostfriesischen Landesmuseum Emden zur partizipativen Museumsarbeit genutzt werden.

Das Dach des Chinesentempels ist übrigens nicht mehr das Original. Während des Zweiten Weltkriegs wurde es im April 1940 auf Befehl der Nationalsozialisten abgebaut und der Rüstungsindustrie übergeben. Zeitzeugen berichteten, das wertvolle Material sollte eine »Geburtstagsspende« an Adolf Hitler sein. Lange Zeit stand der Chinesentempel oben ohne da, bis die Emder ihm in den 1980er Jahren einen neuen, in seiner Form leicht veränderten Hut aufsetzten.

Adresse Boltentorstraße 11, 26721 Emden, Tourist-Information Emden, Tel. 04921/97400 | **Anfahrt** in Emden Richtung Bahnhof, Ecke Agdenastraße/Boltentorstraße | **Öffnungszeiten** von außen jederzeit zu besichtigen | **Tipp** Weitere »Backsteinexpressionisten« in Emden, entworfen von Walter Luckau und Walter Heim, sind das AOK-Gebäude und das ehemalige Apollo-Theater in der Straße »Zwischen den Bleichen« sowie die Herrentorschule.

27 Das Grab des Amerikaners

Vom Schicksal des William Big Charger

Ein Ureinwohner Amerikas in Emden? Kaum zu glauben. Gleich 20 davon mit traditioneller Kleidung und Federschmuck auf Emdens Friedhof? Was für eine Vorstellung! Was mehr als außergewöhnlich klingt, war im Mai 1932 Realität. Das Schicksal des William Big Charger vom Stamm der Lakota-Sioux ist wohl eins der spektakulärsten und ungewöhnlichsten Kapitel in der Geschichte der Seehafenstadt an der Nordsee.

Anfang des 20. Jahrhunderts brachte es der deutsche Zirkus Sarrasani zum weltweiten Erfolg. Er tourte sogar durch die USA, wo ihr Direktor Hans Stosch-Sarrasani Stammesangehörige aus dem Pine-Ridge-Reservat engagierte, um den Zuschauern indigenes Leben nahezubringen. Seine Zirkusgruppe gastierte 1932 auch in Emden. Die Stadt schien jedoch kein gutes Pflaster für die Indigenen zu sein. In der Truppe häuften sich Unglücke, Krankheiten und Verletzungen. Auch William Big Charger bekam eine Lungenentzündung und wurde ins Emder Krankenhaus eingewiesen.

Während der Zirkus nach Groningen weiterreiste, erreichte den Direktor die Nachricht vom Tod Williams. Sarrasani mietete zwei Busse, um seine 100 Mitarbeiter, inklusive Chargers Ehefrau Lena, 20 Lakota-Sioux und sein Jazz-Orchester zur Beerdigung nach Emden zu fahren. Was heute als ökumenischer Gottesdienst nicht mehr ungewöhnlich ist, war in den 1930er Jahren eine Sensation: Ein katholischer Priester hielt die Trauerpredigt, der Clan Chief sprach Gebete in Chargers Muttersprache, dazu spielte die Zirkuskapelle aus Argentinien.

So ist William Big Charger, ein Lakota aus South Dakota, seit 90 Jahren auf dem Friedhof der Großen Kirche in Emden begraben. Ob er, weitab von seiner Heimat, wirklich seine letzte Ruhe gefunden hat? Die Legende besagt, dass der stolze Indigene noch heute unterwegs ist. Einige wollen ihn gesehen haben, wie er im dichten Seenebel auf seinem weißen Pferd durch die Hafenstadt reitet.

Adresse Kirchstraße 22, 26721 Emden | **Anfahrt** A 31 oder B 210 bis Emden-Stadtmitte, Friedhof Große Kirche | **Öffnungszeiten** jederzeit zugänglich | **Tipp** Theater statt Zirkus: Im Neuen Theater im Emder Kulturviertel haben 600 Personen Platz. Hier werden Theaterstücke und Konzerte gegeben, die »Friesenbühne« bietet plattdeutsches Theater.

28 Die Knock

Naherholungsgebiet mit stürmischer Geschichte

Die Knock, das ist ein Landstrich im Südwesten der Krummhörn. Er gehört zur Stadt Emden und liegt 15 Kilometer westlich der Seehafenstadt. Bis etwa 1600 gab es hier einen 1286 erstmals erwähnten Siel- und Fährort mit dem Namen Knock. Der Ursprung des Namens ist bis heute nicht ganz klar. Entweder stammt er vom ostfriesisch-niederdeutschen Word Knokke oder Knok für ein Flachbündel ab, oder er ist vom Wort Knochen hergeleitet.

Die Knock ist heute das Naherholungsgebiet der Emder. Es gibt lange Deiche mit viel Platz für ausgedehnte Spaziergänge oder Fahrradtouren, einen kleinen Sandstrand und einen Hundestrand. Der Mahlbusen, ein See vor dem Siel- und Schöpfwerk, ist bei Wassersportlern beliebt, und wer Pause machen möchte und Hunger und Durst hat, auf den wartet das Café-Restaurant »Strandlust«. Bei Kaffee und Kuchen oder mit einem Fischbrötchen in der Hand lässt es sich doch viel schöner über die Geschichte der Knock nachdenken. Die hat es nämlich in sich.

Wo heute Einheimische und Touristen Ruhe und Erholung finden, da ist vor gut 300 Jahren ein ganzes Dorf in den Fluten der Nordsee versunken. Das Kirchspiel Betteweer lag südwestlich von Rysum. Im Wirtshaus des Dorfes soll 1464 ein Abgesandter des Grafen von Ostfriesland, Ulrich I., mit einem Vertreter der Hanse verhandelt haben.

Nach mehreren schlimmen Sturmfluten wurde das Ursprungsdorf von Betteweer bereits 1590 ausgedeicht und nordöstlich davon ab 1605 die Nachfolgesiedlung Betteweer II aufgebaut. Doch diesen Ort ereilte das gleiche tragische Schicksal, als es 1717 von der sogenannten »Weihnachtsflut« fast vollständig zerstört wurde. Die »Silvesterflut« von 1720 gab dem Dorf den Rest, sodass Betteweer schließlich aufgegeben und dem Meer überlassen wurde. Am südlichen Ufer des Mahlbusens vor dem Siel- und Schöpfwerk Knock erinnert ein Denkmal an das versunkene Örtchen.

Adresse Jannes-Ohlig-Straße 39, 26723 Emden | Anfahrt A 31 bis Emden, auf Larrelter Straße nach Wybelsum, Knocksterstraße bis Schotterparkplatz | Tipp An der Knock steht die 2,75 Meter große Statue des Preußenkönigs Friedrich der Große. Den Alten Fritz aus Bronze gibt es schon seit 1901, ursprünglich stand er vor dem alten Rathaus am Delft in Emden.

29 Der Mann im Moor

Ostfrieslands Ötzi

Wer ist eigentlich Ötzi? Ostfriesland hat Bernie! Die 1.200 Jahre alte Moorleiche ist das Highlight der archäologischen Sammlung des Ostfriesischen Landesmuseums in Emden. Das Skelett eines etwa 1,75 Meter großen Mannes aus dem achten Jahrhundert nach Christus kann es tatsächlich mit dem weitaus bekannteren, in den Südtiroler Alpen gefundenen Ötzi aufnehmen. Denn seine Kleidung ist außergewöhnlich gut erhalten. Das langärmlige Hemd aus Schafswolle gilt sogar als eines der am besten erhaltenen Kleidungsstücke jener Zeit.

Der Fundort der Moorleiche ist die kleine Siedlung Bernuthsfeld bei Aurich. Dort stießen die Brüder Rolf und Ehme de Jonge 1907 beim Torfstechen auf eine Leiche. Die beiden 16 und 18 Jahre alten Jungen rechneten natürlich nicht damit, dass es sich bei dem Mann um eine Moorleiche aus dem frühen Mittelalter handelte und sie gerade einen archäologisch bedeutenden Fund gemacht hatten. Aus Angst, in einen aktuellen Mordfall verwickelt zu werden, vergruben die beiden den Leichnam wieder.

Die Nachricht über den Fund einer Leiche in Bernuthsfeld gelangte dennoch schnell an die Polizei. Wahrscheinlich waren die Brüder beim Graben beobachtet worden. Wegen der frühzeitlichen Bekleidung des Mannes stellte man dann schnell fest, dass es sich nicht um ein aktuelles Verbrechen handelte. So kamen die Jugendlichen ohne Strafe davon. Bei der Bergung war dann der Archivrat des Auricher Staatsarchivs dabei, und der übergab den Mann von Bernuthsfeld an die Gesellschaft für bildende Kunst und vaterländische Altertümer.

Im Ostfriesischen Landesmuseum Emden wird die Moorleiche zusammen mit anderen Funden, wie beispielsweise einer Messerscheide aus Leder, im historischen Kontext ihrer Zeit präsentiert. Und Bernie hat mittlerweile wieder ein Gesicht. Mittels moderner Technologie gelang es Forschern am Computer, ziemlich genau auf das Aussehen des Mannes zu schließen.

Adresse Ostfriesisches Landesmuseum Emden, Brückstraße 1, 26725 Emden | **Anfahrt** B 72 bis Emden, Richtung Bahnhof, Parkhaus; zu Fuß über Neuer Markt und Große Straße bis zum Ziel | **Öffnungszeiten** Di – So 10 – 17 Uhr | **Tipp** Nehmen Sie sich einen Tag Zeit und besuchen Sie auch die anderen Dauer- und Sonderausstellungen des Ostfriesischen Landesmuseums rund um die Themen Kunst- und Kulturgeschichte Ostfrieslands.

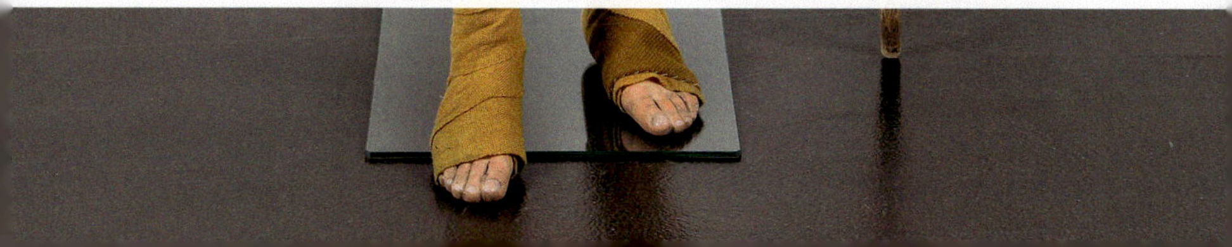

30 Die Otto-Ampel

Hommage an den bekanntesten Ostfriesen der Welt

Otto Waalkes kennt ja nun wirklich quasi jeder. Der gebürtige Ostfriese ist nicht nur einer der erfolgreichsten deutschen Komiker, sondern auch Schauspieler, Musiker, Zeichner und Maler, Synchronsprecher und Regisseur. Der 1948 in der ostfriesischen Seehafenstadt Emden geborene Ausnahmekünstler ist Ehrenbürger seiner Heimatstadt. Im Juni 2019 haben ihm die Emder nun endgültig ein Denkmal gesetzt. Und zwar mit einer Otto-Ampel. Genau genommen vieren davon. Die besonderen Lichtzeichenanlagen mit Waalkes' persönlichen Ampelmännchen wurden in Anwesenheit des Komikers vor Hunderten Fans enthüllt. Für Otto Waalkes war das nach eigenen Angaben nach der Auszeichnung mit dem Bundesverdienstkreuz 2018 und der Ehrenbürgerschaft in Emden der »Höhepunkt seiner Karriere«. Für den damaligen Oberbürgermeister Emdens, Bernd Bornemann, stand bei der Enthüllung der einzigartigen Verkehrszeichen fest: »Otto hat in Emden einfach Vorfahrt.«

Bei Grün ist Otto auf der Ampel in seiner berühmten Hüpfpose mit wehenden Haaren zu sehen, bei Rot steht er still. Schnell ist die Otto-Ampel in Emden für Fans zu einem beliebten Fotomotiv geworden. Apropos Fotomotiv: Wer sich als Otto-Fan die Ampel anguckt, der kommt auch am berühmten Otto Huus nicht vorbei. Das Otto Huus ist schon rein optisch ein Highlight. Ein riesiger Ottifant »bricht« durch das Mauerwerk. Drinnen gibt's alles, was das Herz begehrt zum Thema Otto und Ottifanten. Von der Tasse über Postkarten, Bücher und CDs bis hin zur Kleidung findet hier jeder Fan ein Souvenir. Ein Muss für echte Otto-Fans: Im hauseigenen Museum sind kultige Stücke aus Ottos Kino- und Fernsehproduktionen ausgestellt. Das Kino zeigt Ausschnitte aus TV-Sendungen, Sketche aus seinen Bühnenshows und die berühmten Otto-Filme. Mit etwas Glück trifft man den berühmten Komiker gleich selbst. Waalkes ist hier nämlich regelmäßig zu Besuch.

Adresse Große Straße 1, 26725 Emden | Anfahrt über A 31/B 210 bis Emden-Stadtmitte | Öffnungszeiten jederzeit zu besichtigen | Tipp Kulinarische Auszeit gefällig? Im Café, Bistro und Restaurant »Der Ostfriese« bleiben wir beim Thema. Am Neuen Markt gibt's Emder Köstlichkeiten vom Frühstück bis zum Abendessen.

31__Peterke

Haltet die Stadt sauber!

Wo heute Angestellte der Stadt Emden mit ihren Reinigungsfahrzeugen umherfahren und die Fußgängerzone von Müll und Dreck befreien, da war vor etwa 100 Jahren im selben Auftrag Peterke Janssen de Boer unterwegs.

Die Emderin war Straßenfegerin und hielt die Innenstadt Tag für Tag mit Schippe und Besen sauber. Und das jahrzehntelang. Denn sie musste allein für den Lebensunterhalt für sich, ihre Kinder und ihre kranke Schwester sorgen. Peterke Janssen de Boer kam aus ärmlichen Verhältnissen und schlug sich in der Hafenstadt durch, indem sie eben die Stadt reinigte. Da die Menschen Ende des 19., Anfang des 20. Jahrhunderts noch in Kutschen von A nach B fuhren, sammelte die Emderin hauptsächlich Pferdeäpfel auf. Einen gewissen Geschäftssinn muss man der fleißigen Frau attestieren, denn sie verkaufte den Pferdemist als Dünger an die Landwirte in der Umgebung und besserte so ihren Lohn auf. Bezahlt wurde Peterke übrigens von den Emder Kaufleuten, deren Ladeneingänge sie sauber hielt.

Die Emder haben ihrer stadtbekannten Straßenfegerin 1986 ein Denkmal errichtet. Mitten in der Fußgängerzone erinnert ihr Abbild an die starke Frau, die nach ihrem Tod 1956 auf dem Friedhof in Borsum bei Emden bestattet wurde. Erschaffen hat die überlebensgroße Bronzeskulptur nach einer Stiftung der Emder Sparkasse der Bildhauer Karl-Ludwig Böke (1927–1966). Der gelernte Steinmetz aus Leer arbeitete seit 1948 als freischaffender Künstler. Das Störtebeker-Denkmal in Marienhafe und die »Spielenden Kinder«, eine Figurengruppe auf Borkum, stammen ebenfalls aus seiner Hand.

Ein Besuch bei Peterke lohnt sich. Der Legende nach soll es demjenigen, der an ihrem Besen reibt, Glück und Reichtum bringen. Peterke Janssen de Boer – auch über 60 Jahre nach ihrem Tod ein Vorbild. Denn was früher Pferdeäpfel waren, das sind heute Plastikflaschen und Burger-Tüten. Emder, haltet eure Stadt sauber!

Adresse Große Straße 13, 26721 Emden | **Anfahrt** über A 31/B 210 bis Emden-Stadtmitte | **Öffnungszeiten** jederzeit zugänglich | **Tipp** Wer mehr von Karl-Ludwig Böke sehen möchte, der findet am Ratsdelft die Skulptur der »Jantje Viss«. Das hübsche, zierliche Fischermädchen erinnert an die Bedeutung der Heringsfischerei für die Stadt Emden.

32 Die Gedenkstätte Engerhafe

Zur Erinnerung an ein grausames Verbrechen

Im August 1944 befahl Adolf Hitler den Bau der Befestigungsanlage »Friesenwall«, der sich entlang der Küste von Holland bis nach Dänemark ziehen sollte. Die Stadt Aurich erklärte er zur Festung und ordnete dort den Bau eines Panzergrabens an. Dafür wurden Häftlinge aus dem Konzentrationslager Hamburg-Neuengamme eingesetzt. Als Außenstelle des Lagers dienten Baracken in Engerhafe in der Gemeinde Südbrookmerland. Hier waren bereits seit 1942 niederländische Arbeitskräfte untergebracht, um in Emden Bunker zu bauen. Etwa 2.000 Häftlinge aus Neuengamme, hauptsächlich politische Gefangene, wurden 1944 zum Bau des Friesenwalls nach Engerhafe gebracht. Im Lager herrschten unmenschliche Lebensbedingungen. In den überfüllten Baracken schliefen die Häftlinge zu dritt in einem Bett. Die Räume waren nicht beheizt. Es herrschten neben Nässe und Kälte katastrophale hygienische Zustände, da es keine Toiletten und nur einen kleinen Waschraum gab. So breiteten sich Infektionskrankheuten aus, die nicht medizinisch versorgt wurden. Obwohl es kaum etwas zu essen und zu trinken gab, mussten die Häftlinge täglich schwerste Arbeiten verrichten. Bei schlechtem Wetter hoben sie mit Kohleschaufeln stundenlang Gräben aus. Besonders grausam soll laut Augenzeugenberichten der Marsch vom Auricher Bahnhof zum Panzergraben gewesen sein. Die Häftlinge wurden unter Schlägen durch Aurich getrieben und brachen völlig entkräftet oder tot zusammen.

Allein von Oktober bis Dezember 1944 starben im Konzentrationslager Engerhafe 188 Menschen, bevor das Außenlager aufgelöst und die verbliebenen Häftlinge wieder nach Neuengamme gebracht wurden.

In Engerhafe erinnert heute eine Gedenkstätte an das grausame Verbrechen der Nationalsozialisten. Sie besteht aus einer Dauerausstellung im Alten Pfarrhaus, dem ehemaligen Lagergelände und dem Gräberfeld auf dem Friedhof der Kirchengemeinde.

Adresse Kirchwyk 5, 26624 Südbrookmerland | **Anfahrt** B 72 bis Georgsheil in Richtung Norddeich, an der Kreuzung nach wenigen Kilometern rechts | **Tipp** Das Panzergrabenmahnmal im Sandhorster Wald in Aurich gehört ebenfalls zur Gedenkstätte KZ Engerhafe. Es kann rund um die Uhr besichtigt werden.

33 Der Junker Balthasar

Freiheitskämpfer oder Schurke?

Balthasar von Esens, genannt Junker Balthasar, ist ein umstrittener Mann in der Geschichte Ostfrieslands. Seine Fürsprecher sehen ihn als Verteidiger der Friesischen Freiheit, seine Kritiker bezeichnen ihn als Querulanten und Schurken. Wer war Balthasar von Esens, und warum spaltet die Meinung über seine Person die Ostfriesen bis heute?

Junker Balthasar lebte zu Beginn des 16. Jahrhunderts, sein genaues Geburtsdatum ist nicht bekannt. Von 1522 bis zu seinem Tod 1540 war er Häuptling der ostfriesischen Herrlichkeiten Esens, Wittmund und Stedesdorf und damit Herrscher über das Harlingerland. Balthasar war der letzte Häuptling aus dem Geschlecht der Attena. Er erkannte die Oberhoheit der Grafen von Ostfriesland über seine Herrschaft nicht an und versuchte regelmäßig, sich benachbarte Herrschaftsgebiete anzueignen. Der Junker raubte und brandschatzte in fremden Ländereien, überfiel Händler zu Land und zu Wasser und stellte Piraten Kaperbriefe aus. Mit Vorliebe hetzte er die Piraten auf Handelsschiffe der Hansestadt Bremen. Mit seinem Verhalten brachte Balthasar von Esens natürlich die Grafen gegen sich auf. So zog Graf Enno II. 1530 mit einem Söldnerheer ins Harlingerland, um Balthasar »eins aufs Maul zu hauen«. Doch der Junker ließ sich bis zu seinem Tod nicht endgültig zähmen. Er verstarb schließlich an einer Krankheit. Seinen Anhängern bleibt er in Erinnerung als ein mutiger Herrscher, der die Unabhängigkeit des Harlingerlandes lange bewahren konnte und der Stadt Esens 1527 die Stadtrechte verlieh.

Am Westende des Kirchplatzes haben ihm die Esenser deshalb ein Denkmal gesetzt. Auf einem Brunnen thront Junker Balthasar als Ritterfigur. Erschaffen hat die Skulptur der Auricher Bildhauer Friedrich Ernst Büschelberger. Steht hier nun ein mutiger Freiheitskämpfer oder ein krawalliger Schurke auf dem Esenser Kirchplatz? Wahrscheinlich irgendwie beides.

Adresse Westerstraße 8, 26427 Esens | **Anfahrt** B 210 bis Esens, Kreisverkehr dritte Ausfahrt, weiter auf L 6/L 8, rechts ab auf Theodor-Thomas-Straße, links auf Am Markt, links auf Kirchstraße bis Kirchplatz | **Öffnungszeiten** jederzeit zugänglich | **Tipp** Auf dem Marktplatz von Esens steht ein ganz besonderer Brunnen. Der Tidebrunnen füllt sich entsprechend dem Wasserstand in Bensersiel und spiegelt somit die Gezeiten wider.

34 Das Ewige Meer

Der größte Hochmoorsee Deutschlands

Das Moor übt ja von jeher eine ganz besondere Faszination auf den Menschen aus. Die Feuchtgebiete mit ihrer charakteristischen Vegetation haben, gerade in der dunklen Jahreszeit, etwas Mystisches. Die Moorbewohner lebten in früheren Zeiten vom Torfabbau, und ab und an kehrte einer von ihnen nicht mehr nach Hause zurück, weil ihn der tückische, schwammige Boden verschlang. Der extrem sauerstoffarme Boden verhindert den vollständigen Abbau organischen Materials, und so sind eben auch Körper, die im Moor begraben sind, noch nach Jahrhunderten extrem gut erhalten: Moorleichen.

Fundort einer sehr bekannten Moorleiche und weiterer bedeutender archäologischer Ausgrabungen ist das heute unter Naturschutz stehende Moorgebiet rund um das Ewige Meer. Das Ewige Meer ist mit 91 Hektar Wasserfläche der größte Hochmoorsee Deutschlands. Es liegt genau im Grenzbereich der Landkreise Aurich und Wittmund und hat den Mann von Bernuthsfeld, eine Moorleiche aus dem 8. Jahrhundert mit besonders gut erhaltener Wollkleidung, 1907 hervorgebracht. Außerdem gehören die Überreste des Bohlenwegs im Meerhusener Moor, eine der ältesten befestigten Straßen Deutschlands, zu den Funden im Moorgebiet.

Das Ewige Meer ist durchschnittlich etwa zwei Meter tief. Rund um den Hochmoorsee verläuft eine Rad- und Wanderroute auf der einstigen Ausdehnung der Hochmoorregion. Auf der 32 Kilometer langen Strecke und an den zehn Stationen des Erlebniswegs kann man das Moor buchstäblich er»fahren«. Es gibt alle Infos zu den landschaftlichen und historischen Besonderheiten des Moorgebietes.

Die Stationen sind außerdem mit einem sogenannten Pfahlgott gekennzeichnet. Das sind Nachbauten bearbeiteter Holzstelen aus der Steinzeit, die bei Ausgrabungen im Hochmoorgebiet Ostfriesland gefunden wurden. Die Pfahlgötter sollten Gottheiten darstellen und unseren Vorfahren als Schutzzeichen dienen.

Adresse Eversmeer | **Anfahrt** aus Aurich kommend stadtauswärts über B 210/Esenser Straße, links abbiegen auf Dornumer Straße, den Kreisverkehr an der dritten Ausfahrt verlassen und auf Königsweg, links abbiegen auf »Zum Ewigen Meer« bis Parkplatz, von dort aus zu Fuß weiter | **Öffnungszeiten** jederzeit zugänglich | **Tipp** Einer der Pfahlgötter steht am Badesee im Auricher Stadtteil Tannenhausen. Im Gegensatz zur Ruhe am Ewigen Meer ist hier mit Wakeboard-Anlage, Aquapark und Strandbar Action angesagt.

35 Der Greetsieler Hafen

Krabbenkutter so weit das Auge reicht

Mehr Postkartenidylle geht nicht. Das Fischerdorf Greetsiel in der Krummhörn hat den wohl malerischsten Hafen Ostfrieslands. Bunte Krabbenkutter mit Fangnetzen, Ausflugsdampfer und Segelboote, umgeben von historischen Giebelhäusern aus dem 18. Jahrhundert. Gemütliche Gassen, kleine Cafés und Geschäfte, frische, salzige Nordseeluft und Möwengeschrei – klingt schon fast kitschig, oder?

Der über 600 Jahre alte Greetsieler Hafen ist der westlichste Sielhafen an der ostfriesischen Nordseeküste. Ein Siel, das ist ein verschließbarer Durchlass im Deich zur Entwässerung des Binnenlandes. Das austretende Wasser spült eine Rinne ins Watt, sodass an Sielen geeignete Standorte für Häfen im flachen Wattenmeer entstehen. Das Greetsieler Siel ist etwa 30 Meter breit und bildet zusammen mit der Schleusenanlage das Sperrwerk Leysiel. Seit 1991 ist der Hafen durch die Schleuse unabhängig von Ebbe und Flut, und die Fischer- und Sportboote können Greetsiel ohne Einfluss der Tide jederzeit erreichen.

Das alte Sieltor stammt aus dem Jahr 1798 und wurde in der Ortsmitte aus Steinen der alten Greetsieler Burg gebaut. Damals herrschte Friedrich der Große, woran das Wappen mit dem gekrönten preußischen Adler auf dem Sieltor erinnert. Es war bis 1950 in Betrieb, mittlerweile ist es eines der Wahrzeichen von Greetsiel.

Der Greetsieler Hafen besitzt die größte aktive Krabbenkutterflotte Ostfrieslands. Etwa 30 Krabbenkutter steuern den historischen Hafen regelmäßig an. Die Fischer fangen hauptsächlich Nordseekrabben, auch Granat genannt, aber auch Plattfische wie Seezungen und Schollen. Die Krabben werden noch auf den Kuttern gekocht und dann gekühlt. Die fangfrische Nordseedelikatesse kann dann direkt am Hafen als Greetsieler Krabbensuppe, Krabbenbrötchen oder Rührei mit Granat genossen werden. Dazu vielleicht noch ein Shanty-Chor? So viel zum Thema Postkartenidylle.

Adresse 26736 Krummhörn | **Anfahrt** B 72/Schoonorther Kreisstraße, Störtebekerstraße, Störtebekerriede, Greetsieler Straße bis Marktplatz Greetsiel | **Öffnungszeiten** jederzeit zugänglich | **Tipp** Wer länger im schönen Greetsiel bleiben möchte, findet im Hotel »Achterum« eine moderne und gemütliche Unterkunft. Das Gebäude von 1867 war schon Armenhaus, Altenheim, Soldatenunterkunft und Geflüchtetenheim, bevor es zum Boutique-Hotel umgebaut wurde.

36 Der »Lükko-Leuchtturm«

Spiel und Spaß auf den Spuren einer Kultfigur

Der kleine Leuchtturm Lükko ist in Ostfriesland Kult. Die Kinderbuchfigur, ein rot-gelb geringelter Leuchtturm, hat der in Greetsiel aufgewachsene Schriftsteller Bernd Flessner erfunden. Seine Buchreihe beinhaltet sechs Bücher, in denen der kleine Leuchtturm Lükko in ganz Ostfriesland Abenteuer erlebt und Kindern das Leben an der Küste, auf den Inseln und die ostfriesischen Traditionen näherbringt.

Im Lükko-Leuchtturm-Kinderhaus im Fischerörtchen Greetsiel dreht sich alles um die abenteuerlustige Kinderbuchfigur. Natürlich werden hier regelmäßig die »Gute-Nacht-Geschichten« vom rot-gelben Hauptdarsteller vorgelesen. Die Kleinen können in den bunt gestalteten Räumen außerdem basteln, spielen und toben und an einer Reihe verschiedener Veranstaltungen teilnehmen. Drinnen kreativ werden oder draußen auf dem großen Abenteuerspielplatz die Energie rauslassen – im Lükko-Leuchtturm-Kinderhaus findet jedes Kind eine passende Beschäftigung.

Der Buchfigur Lükko Leuchtturm diente eines der bekanntesten Wahrzeichen Ostfrieslands, der Pilsumer Leuchtturm, als Vorbild. Er steht seit 1890 auf dem Deich nahe Pilsum in der Krummhörn. Bis 1915 war er als Leitfeuer im Dienst, seinen charakteristischen rot-gelben Anstrich erhielt er 1973 im Rahmen einer aufwendigen Sanierung. Zuvor war der Leuchtturm, der mittlerweile ein beliebtes Fotomotiv für Touristen ist, einfarbig rot gestrichen. Nicht nur in Kinderbüchern ist der Pilsumer Leuchtturm ein Thema, sondern auch im Fernsehen. Der Film »Otto – Der Außerfriesische« des Komikers Otto Waalkes machte das ostfriesische Wahrzeichen populär.

Eine besondere Attraktion im Kinderhaus ist die Lükko-Leuchtturm-Hörspieltour. Die Geschichten, die mit QR-Codes abrufbar sind und auf Smartphones oder Tablets angehört werden können, führen die Kinder an neun Originalspielorte der Abenteuergeschichten in der Krummhörn.

Adresse Zur Hauener Hooge 11, 26736 Krummhörn-Greetsiel | Anfahrt B 72/Schoonorther Kreisstraße, Störtebekerstraße, Störtebeker Riese, Greetsieler Straße bis Hafenstraße, weiter bis Hauener Hooge. Info Tel. 04926/91880 | Tipp Das Wahrzeichen von Greetsiel sind die berühmten Zwillingsmühlen. Die Holländerwindmühlen aus den Jahren 1706 und 1856 stehen direkt am Ortseingang.

37 Die Findlinge

Steine zur Erinnerung an die Moorkolonisierung

Ob man es nun Zufall oder Schicksal nennen will: Dass genau diese vier Findlinge an der Leerer Landstraße kurz vor Westgroßefehn liegen, konnte zunächst niemand ahnen. Die Steine stammen nämlich aus Holstein, und ursprünglich sogar aus dem Norden Skandinaviens, von wo sie in der letzten Eiszeit nach Holstein verschoben wurden. Und dann 2008 letztendlich nach Ostfriesland. Und das irgendwie zufällig, oder schicksalhaft. Aber fangen wir vorn an.

Heyo Onken aus Westgroßefehn, ein Müllermeister, der sich für die Geschichte und Kultur seiner Gemeinde einsetzt, war mit seiner Frau auf einer Radtour in Ostholstein unterwegs und traf den Steinbildhauer Harri Schlapkohl. Der gestaltete gerade einen Gedenkstein an der Timmendorfer Brücke. Er sei genau der Richtige, auch ein Denkmal zur Erinnerung an die Kultivierung Großefehns zu erschaffen, fand Onken und schlug Schlapkohl im Arbeitskreis für die Feier »375 Jahre großes Vehn« vor.

So landete ein anderthalb Tonnen schwerer, holsteinischer Findling, gestaltet als aufgeschlagenes Buch mit der Inschrift »Beginn der Ostfriesischen Fehnkultur Anno 1633« und einem Segelschiff, in Westgroßefehn. Neben ihm noch zwei weitere Findlinge und ein roter, stehend, hinter ihm.

Das Denkmal kurz hinter der Schewenbrücke erinnert an die ostfriesische Fehnkultur und die Moorkolonisierung. Bereits 1663 sollen vier Kaufleute aus Emden, Claas Behrends, Simon Thebes, Cornelius de Rekener und Gerd Lammers, mit der Kultivierung im heutigen Westgroßefehn begonnen haben. Mit der Erlaubnis von Graf Ulrich II. legten sie im 400 Hektar großen Moorgebiet Fehnkanäle an, entwässerten so das Moorgebiet und schafften Wege für Schiffe. Die Besiedlung begann, und später fuhren Segelschiffe von Westgroßefehn aus nicht nur bis nach Emden, sondern von dort aus auch in die Weltmeere. Wen wundert da noch ein Stein aus Holstein in Ostfriesland?

Adresse Leerer Landstraße, Großefehn | **Anfahrt** von Aurich kommend Richtung Timmeler Straße in Westgroßefehn, am Kanal beim Fehnmuseum | **Öffnungszeiten** jederzeit zugänglich | **Tipp** Einfach mal an den Fehnkanälen entlangfahren, am besten mit dem Rad. Die historischen Holländer-Klappbrücken und Schleusen sind zwar nicht ganz so alt wie die Findlinge, aber sie machen das typische Fehnbild aus.

38 De Weevstuuv

Das »Webmuseum zum Anfassen«

Eine heimelige Bezeichnung in einer markanten Sprache. Kaum etwas anderes verbindet die Ostfriesen mehr als ihr gutes altes Plattdeutsch. Kein Wunder, dass aus einer alten Weberei einmal »De Weevstuuv«, also die Webstube, werden würde. Seit 1999 bewahrt der Verein »De Weevstuuv« als Museum diese ostfriesische Tradition, indem er alte Webstühle und gut erhaltenes Webgerät zeigt. Das Besondere: Die Vereinsmitglieder bieten in der »Museumswerkstatt« an, das Handwerk selbst auszuprobieren oder in Kursen zu erlernen.

Es war der Webermeister Gerhard Peters, der sich anlässlich seines 80. Geburtstags im Jahr 1995 überlegte, was aus seinen Webstühlen, dem Zubehör und vor allem seinem Fachwissen werden sollte. Also nahm er Kontakt zu einigen Sinnesgenossen in und um Aurich auf. Rasch entwickelte sich die Idee, ein »Webmuseum zum Anfassen« aus der Taufe zu heben. Darin sollten möglichst viele Menschen die Gelegenheit haben, die Arbeit der Weber kennenzulernen. Dabei war es gleich, ob sie sich das alles nur anschauen oder tatsächlich einmal selbst Hand anlegen wollten. Schon nach kurzer Zeit kam die Gruppe überein, den gemeinnützigen Verein »De Weevstuuv e. V.« zu gründen. Im Jahr 1997 stellte die Gemeinde Großefehn schließlich das Gebäude der alten einklassigen Dorfschule im Achterlangsweg zur Verfügung, das bis dahin leer gestanden hatte.

Neben dem Besuch des Webmuseums werden nun – ganz wie geplant – fachkundig geführte Kurse angeboten: vom einfachen »hineinschnuppern« über Anfängerkurse, um einen Webstuhl einrichten zu können, bis zu weiterführenden Angeboten, um spezielle Techniken zu erlernen.

In der Museumswerkstatt wird zudem eine große Zahl handgewebter Textilien für Wohnung und Bekleidung bereitgehalten. Es ist zudem möglich, dass sich Interessierte in der »Weevstuuv« ihr ganz persönliches Webstück nach eigenen Vorstellungen anfertigen lassen.

Adresse Achterlangsweg 9, 26629 Großefehn | **Anfahrt** Schirumer Straße bis Achterlangsweg, scharf rechts bis zum Ziel. Info E-Mail info@webmuseum-ostfriesland.de | **Öffnungszeiten** 1. Mai – 15. Okt. So, Mi und an Feiertagen von 14 – 17 Uhr. Eintritt frei | **Tipp** Wie wäre es denn mal mit einer schönen Radtour? Die Gemeinde Großefehn bietet sich mit ihren Mühlen, Kanälen, Klappbrücken und weiteren großen und kleinen Sehenswürdigkeiten in besonderer Weise an.

39 Der Berumerfehner Wald

Auf Entdeckungsreise im ehemaligen Moor

Der Wald, der früher ein Moor war – so könnte man den Berumerfehner Forst nennen. Wo sich heute Birken und Weiden, Buchen und Küstentannen aneinanderreihen, da wurde früher entwässert und Torf abgebaut. Das nach der letzten Eiszeit entstandene Moor war in der 1970er Jahren abgetorft und trockengelegt, und die Berumerfehner entschlossen sich zur Aufforstung. Nachdem sich einige Baumarten bereits auf natürliche Weise angesiedelt hatten, wurden Lärchen, Winterlinden und Stileichen zusätzlich angepflanzt. Mit Erfolg. Heute ist der Berumerfehner Wald mit etwa dreieinhalb Quadratmetern ein idyllisches Naherholungsgebiet und wird nicht selten als schönster Wald Ostfrieslands bezeichnet.

In der Tat gibt es im Wald in Berumerfehn, ein Ortsteil der Gemeinde Großheide, ungewöhnlich viel zu entdecken. Da ist zum Beispiel die Märcheninsel. Auf einem See mitten im Wald steht auf einer kleinen Insel unter einem Pavillon mit Reetdach eine Rotkäppchen-Figur. Auch der Wolf aus dem Märchen der Gebrüder Grimm ist mit von der Partie. In Sichtweite der beiden Märchenfiguren steht am Ufer des Waldsees ein 1894 errichtetes Denkmal. Die rote Ziegelwand mit Inschriftenplatte aus Sandstein erinnert an die Gründung der Norder Fehngesellschaft 1794. Sie war von Bürgern der Stadt Norden als privates Wirtschaftsunternehmen gegründet worden, um in den Mooren von Großheide Torf abzubauen.

Im Berumerfehner Wald versteckt sich noch ein kleiner, aber sagenumwobener Stein. Der Radbod-Stein soll Zeuge davon sein, dass der gleichnamige König der Friesen hier seine letzte Ruhestätte gefunden hat. Radbod, von 679 bis 719 Herrscher über das Großfriesische Reich, hinterließ durch seinen Widerstand gegen die Christianisierung einen bleibenden Eindruck in der Bevölkerung.

Stichworte Eiskeller, Weisheitentafeln und Moormuseum – der Berumerfehner Wald hält noch einige Überraschungen bereit. Einfach weiterentdecken!

Adresse Kirchweg, 26532 Großheide | Anfahrt aus Aurich B 72 Richtung Großheide, Tom-Brook-Straße und Westerwieke bis Dorfstraße, Parkplatz Wald- und Moormuseum | Öffnungszeiten jederzeit zugänglich | Tipp Direkt am Wald befindet sich im Gebäude der ehemaligen Dorfschule das Wald- und Moormuseum mit einer umfangreichen natur- und heimatkundlichen Sammlung.

40 Das Motodrom

Motorsport mit Qualitätsanspruch

Wer es schnell mag und auf rassigen Motorsport steht, dem sei die Gemeinde Halbemond in der Samtgemeinde Hage im Landkreis Aurich empfohlen. Dort befindet sich das sogenannte Motodrom, ein Stadion mit einem Fassungsvermögen von 34.000 Zuschauern auf 30.000 Steh- und 4.000 Sitzplätzen. Damit ist die Arena unweit der Küstenstadt Norden das mit Abstand größte Stadion Ostfrieslands und sogar das größte reine Speedway-Stadion in ganz Europa.

Das Motodrom befindet sich auf einer sieben Hektar großen Fläche, die dem Motorsport Club (MC) Norden gehört. Die Bahn ist 396 Meter lang und auf der Geraden zwölf Meter breit. Kenner der Szene wissen, dass diese Rennbahn zu den schnellsten der Welt gehört. In seiner jetzigen Form besteht das Motodrom seit 1983. Damals wurde es wegen der Austragung des Speedway-Weltfinales erweitert. Dem legendären deutschen Motorsportler Egon Müller gelang es seinerzeit, den Heimvorteil zu nutzen und als erster und bisher einziger Deutscher Speedwayweltmeister zu werden, ein Ereignis, das bundesweit durch die Medien ging.

Leider blieben fortan weitere Erfolge deutscher Sportler aus, sodass auch das öffentliche Interesse an Speedway schwand. Das Ergebnis: Das Halbemonder Motodrom versank in einen jahrelangen Dornröschenschlaf. Seit der Jahrtausendwende allerdings starten wieder regelmäßig Speedwayrennen, darunter Länderkämpfe und Prädikatsläufe zur Deutschen Speedwaymeisterschaft. 2005 stellte der MC Norden sogar eine Speedwaymannschaft, die an den Läufen der zweiten Speedway-Bundesliga teilnahm. In der Saison 2015 stellte der MC gar ein Team in der ersten Speedway-Bundesliga: die Norden-Haie. Seit dieser Zeit trägt der Verein im Motodrom Meisterschaften und Pokalwettbewerbe aus.

Das Motodrom Halbemond wird aber auch für viele andere Veranstaltungen genutzt, wie beispielsweise für Zeltlager, Konzerte oder Ausstellungen.

Adresse Nadörster Straße 27, 26524 Halbemond | Anfahrt über B 72 abfahren auf Nadörster Straße, dann auf Am Sportplatz | Tipp Wer es beschaulicher mag, für den lohnt sich ein Kurztrip in die Nachbargemeinde Leezdorf. Dort steht die Barthlingsche Mühle, ein zweistöckiger Galerieholländer.

41 Die Grenzkirche

Segen mit je einem Bein in jedem Ortsteil

Zwei Orte, eine Kirchengemeinde. So weit, so unspektakulär. Was die Evangelisch-lutherische Kirchengemeinde Maria Magdalena in der Gemeinde Moormerland so besonders macht, ist der außergewöhnliche Standort ihrer Kirche. Denn die steht genau auf der Grenze zweier Ortschaften.

Hatshausen und Ayenwolde sind zwei kleine Orte im Landkreis Leer, die im 13. und 14. Jahrhundert im Zuge der Moorkolonisierung entstanden und im Mittelalter zunächst zwei eigenständige Kirchengemeinden bildeten. Infolge der Reformation im 16. Jahrhundert bekannten sich die Gemeinden zu Luther und schlossen sich schließlich aus wirtschaftlichen Gründen, wahrscheinlich aufgrund der Armut nach mehreren schweren Sturmfluten, zu einer Kirchengemeinde zusammen.

Nachdem die Kirche in Ayenwolde in die Jahre gekommen war, entstand 1680 das erste gemeinsame Gotteshaus am Standort der Hatshauser Kirche. Gut 100 Jahre später, 1783, ließ die Kirchengemeinde Maria Magdalena, übrigens die Muttergemeinde aller lutherischen Moormerländer Kirchen, dann die gemeinsame Kirche etwa 1.300 Meter westlich des letzten Standortes genau auf der Ortsmitte zwischen Hatshausen und Ayenwolde bauen. Und zwar zum Teil mit den Ziegelsteinen des Vorgängerbaus »Sunta Maria Magdalena« in Hatshausen. Die symmetrische Saalkirche (das Gebäude besteht aus nur einem Raum ohne Stützen) hat ein Walmdach und typisch rundbogige Fenster. Der Glockenturm wurde 1808 an der Südseite angebaut und dient als Eingangsportal. Die Grenze zwischen den Ortschaften verläuft axial durch den Turm mit der Eingangstür, den Altar und die Kanzel, die übrigens aus der alten mittelalterlichen Vorgängerkirche übernommen wurde. Der Pastor der kleinen Gemeinde in Moormerland mit rund 450 Mitgliedern steht also bis heute beim Predigen mit einem Bein in Hatshausen und mit dem anderen in Ayenwolde. Mehr Verbundenheit von ganz oben geht nicht.

Adresse Ayenwolder Straße 4, 26802 Moormerland | **Anfahrt** B 72/Leerer Landstraße, rechts auf Hoher Weg, weiter auf Ayenwolder Straße | **Tipp** Moormerland hat noch eine besondere Kirche zu bieten. Im Gotteshaus in Tergast ist der Lettner, eine vierbogige Trennwand, eine architektonische Besonderheit in Ostfriesland.

42 Der Heseler Wald

Historische Spuren im größten Wald Ostfrieslands

Wie sieht die typisch ostfriesische Landschaft aus? Abgesehen von Wattenmeer und Deichen lautet die Antwort wohl in erster Linie folgendermaßen: Wiesen, Felder, Moore, Wallhecken und Kanäle. Von Wald ist da wahrscheinlich lange nicht die Rede. Ostfriesland ist eben ein Land der flachen Weite und nicht der dichten Wälder. Eine Ausnahme bildet der Heseler Wald im Landkreis Leer.

Zugegeben, den haben sich die Ostfriesen selbst gemacht. So ein bisschen Wald will man ja dann doch zu bieten haben. Mitte des 19. Jahrhunderts legten sie den Mischwald auf einer zuvor vermutlich zum Ackerbau genutzten Fläche an. Mittlerweile ist der Heseler Wald mit seinen 600 Hektar Fläche das größte zusammenhängende Waldgebiet in ganz Ostfriesland.

Ein Teil des Heseler Waldes steht unter Naturschutz. Er dient vornehmlich als Naherholungsgebiet für Spaziergänge, Radfahren und Reiten. Auf Waldsofas an mehreren Stellen im Wald lässt sich prima »waldbaden«, also einfach mal nichts machen und in der heilsamen Waldatmosphäre mit allen Sinnen die Energiereserven auffüllen. Für ein bisschen Action sorgen dann aber doch noch ein Waldspielplatz und ein etwa ein Kilometer langer Baumlehrpfad.

Historisches Highlight: die Überreste der Klosters Barthe. Wobei es keine echten Mauerreste mehr gibt. Der Grundriss des ehemaligen Klostergebäudes ist durch Hecken sichtbar gemacht, und ein Wallgraben ist noch erhalten. Barthe war ein dem heiligen Nikolaus geweihtes Kloster der Prämonstratenser und wurde ab 1170 als Nonnenkloster errichtet. Ordensschwestern werden in Barthe zum letzten Mal 1597 erwähnt, danach wurde das Klosterareal ab dem 17. Jahrhundert landwirtschaftlich genutzt. Umfangreiche archäologische Ausgrabungen in den 1990er Jahren förderten zahlreiche Objekte aus der Zeit des Klosters hervor, unter anderem mehr als 45.000 Keramikfundstücke, Wasserleitungen und Öfen.

Adresse Oldenburger Straße, 26835 Hesel | **Anfahrt** B 72 bis Hesel, auf Oldenburger Straße bis Parkplatz Silbersee, ab dann zu Fuß | **Tipp** In der »Villa Popken« in Hesel werden die Ergebnisse der großflächigen Ausgrabungen in und um Hesel ausgestellt. Außerdem ist in dem Gebäude auch die Tourist-Information untergebracht.

43__Das Ihler Meer

Wenn es mal nicht die Nordsee sein soll

In Ihlow, einer Gemeinde zwischen den ostfriesischen Städten Aurich und Emden, liegt das Ihler Meer. Der Name ist vielleicht erst mal etwas irritierend, denn das Ihler Meer ist natürlich kein Meer, sondern ein Binnengewässer. Der in den 1980er Jahren künstlich angelegte See hat eine Fläche von etwa dreieinhalb Hektar. Das richtige Meer – die Nordsee – ist eine gute Autostunde entfernt, und wer auch mal lieber im Inland bleibt, für den ist das Ihler Meer eine echte Alternative.

Eingebettet in eine wunderschöne Landschaft und mit einem beschaulichen Sandstrand lockt der Badesee nicht nur Naturliebhaber an, die um den See herumspazieren oder einfach am Strand entspannen möchten. Seit den 1990er Jahren wurde das Ihler Meer immer mehr zur Freizeitanlage ausgebaut. Schwimmen, planschen und Tretboot fahren, auf dem großen Spielplatz toben oder einfach Sandburgen bauen – für die Kleinen ist am Ihler Meer jede Menge los. Wer es so richtig sportlich mag, der findet direkt am See das Sportzentrum »Crocodiles«, zwei Tennisplätze, eine Laufbahn und einen Fitnessparcours. Aber keine Sorge – die abtrainierten Kalorien lassen sich in der Gaststätte am See mit bestem Blick auf das Wasser gleich wieder reinholen.

Das Gästehaus am Ihler Meer bezeichnet sich selbst als »das schönste Hostel zwischen Leer, Aurich und Emden«. Hier können sowohl Einzelreisende als auch Familien oder größere Gruppen schon ab 15 Euro pro Nacht direkt am Badesee Urlaub machen. Zum Gästehaus gehören ein Grillplatz, Sportplätze, ein Beachvolleyballfeld und eine Spielwiese mit Kinderspielplatz.

Das Ihler Meer in dem kleinen Örtchen Ihlowerfehn ist übrigens für seine ausgesprochen gute Wasserqualität bekannt und liegt nicht weit entfernt vom 350 Hektar großen Ihlower Forst. Ob für Sportler, Wasserratten oder Naturliebhaber – das Ihler Meer ist eine echte Alternative zum Nordseestrand.

Adresse 1. Kompanieweg 5, 26632 Ihlow | **Anfahrt** ab Aurich über Kirchdorferstraße bis Ihlowerfehn, rechts auf 1. Kompanieweg bis Parkplatz Ihler Meer | **Tipp** An der Fahnster Brücke am Ems-Jade-Kanal liegt die Tjalk »Wappen von Ihlow«. Das historische Schiff wurde Anfang des 20. Jahrhunderts gebaut. Der Förderverein bietet Fahrten zu den Ostfriesischen Inseln an.

44 Der Klostergarten Ihlow

Von Mönchen, Hexen und der Heiligen Jungfrau

Früher diente er als Nahrungslieferant und zum Anbau von Heilpflanzen für die Mönche des Zisterzienserklosters. Heute ist der Klostergarten eine der Attraktionen der Klosterstätte Ihlow. Er ist in Kreuzform angelegt, sodass vier Beete mit unterschiedlichen Themengebieten entstehen.

Im Heilpflanzengarten findet man Pflanzen, die im Mittelalter nach den Lehren von Hildegard von Bingen als Medizin eingesetzt wurden und die teilweise noch heute als solche genutzt werden. Im Mariengarten steht alles unter dem Motto »Jungfrau Maria«. Teilweise tragen die Pflanzen Maria im Namen, wie die Marienblümchen, oder sie symbolisieren deren Eigenschaften. So steht beispielsweise die weiße Lilie für Reinheit. Im Küchengarten wachsen Obstbäume und Nutzpflanzen wie Erbsen, Bohnen, Löffelkraut und Erdbeerspinat. Der Hexengarten zeigt Pflanzen, die früher von heilkundigen Frauen als Medizin eingesetzt wurden, oder jene, denen eine mystische Kraft nachgesagt wird. Der Hexengarten wurde zur Erinnerung an zehn Frauen aus dem Ihlower Ortsteil Riepe angelegt, die 1543 der Hexerei angeklagt und in Aurich hingerichtet wurden.

Der Klostergarten schließt an die Südseite der »Imagination« an. Das ist eine Nachbildung der früheren Klosterkirche aus Holz und Stahl. Das Kunstwerk hat die Maße des ehemaligen Klosterbaus, so soll sich der Besucher den Sakralbau vorstellen können, in dem früher die Zisterziensermönche lebten.

Angehörige des Zisterzienserordens gründeten das Kloster Ihlow bereits 1228. Sie errichteten einen für damalige Verhältnisse riesigen Backsteinbau, eine der größten Kirchen in Norddeutschland. Das »Monasterium Sanctae Mariae in Scola Dei«, wie die Mönche ihr Kloster nannten, bestand bis 1529. Dann nahmen es die ostfriesischen Grafen Johann I. und Enno II. aus dem Hause Cirksena im Zuge der Reformation in ihren Besitz, und die Klosterkirche wurde zerstört.

Adresse Zum Forsthaus 1, 26632 Ihlow | Anfahrt Kirchdorferstraße bis Ihlowerfehn, links auf Parkplatz Kloster Ihlow, dann zu Fuß bis Klostergarten | Tipp Wer die Klosterstätte Ihlow besucht, darf sich den Raum der Spurensuche nicht entgehen lassen. In dem halb unterirdischen Raum sind zahlreiche Ausgrabungsfunde ausgestellt, die die Geschichte des Klosters Ihlow erlebbar machen.

45__Sandwater

Eines der letzten natürlichen Binnenmeere

Ein Ausflugsziel für alle, die mal abschalten und durchatmen wollen, ist der »Sandwater« in Simonswolde. Der etwa 23 Hektar große flache Niedermoorsee zählt zu den wertvollsten Biotopen in Ostfriesland und ist das Wahrzeichen des 1.600-Einwohner-Ortes in der Gemeinde Ihlow.

Sandwater ist eines der wenigen noch erhaltenen Binnenmeere Ostfrieslands und liegt eingebettet in das Naturschutzgebiet »Fehntjer Tief und Umgebung Nord«. Naturfreunden zeigt sich hier eine seltene Flora und Fauna. Durch die schilfartigen Röhrichtpflanzen wie Schilfrohr, Wasserschwaden und Sumpf-Schwertlilien bietet der See vielen Wasservögeln einen Ort zum Nisten. Rund um den Sandwater findet man Pflanzenarten wie die Schwanenblume, den Froschbiss oder die Wasserfeder, die in Mitteleuropa nur noch selten vorkommen. Außerdem schmücken große See- und Teichrosenteppiche den Sandwater.

Der Niedermoorsee ist wahrscheinlich über 5.000 Jahre alt. Man nimmt an, dass er sich in der Warmzeit des Atlantikums gebildet hat. Danach verschwand der See durch Landerhebungen und entstand dann wieder vor etwa 2.000 Jahren. Im 12. Jahrhundert wurde der Ort Simonswolde zum ersten Mal erwähnt, damals als »Simonn Walden«, was »dem Simon Petrus geheiligter Wald« bedeutete. Funde rund um den Ort sprechen aber dafür, dass es hier bereits im 9. Jahrhundert Wohnplätze gab (siehe Ort 89).

Sandwater ist besonders fischreich, und das Angeln ist erlaubt. Im See leben Barsche, Hechte, Aale, Karpfen, Rotaugen, Brassen, Schleien und andere mitteleuropäische Fischarten.

Im vergangenen Jahrhundert verdienten einige Simonswolder noch auf dem Sandwater ihren Lebensunterhalt. Sie fingen Fische und Enten oder betrieben Butterhandel. Dazu fuhren sie mit ihren Jollen vom Sandwater aus über das Fehntjer Tief zu den Bauern und kauften hausgemachte Butter, die sie an Händler oder selbst in den Städten verkauften.

Adresse Achtert Sandwater, 26632 Ihlow | **Anfahrt** von der A 31 kommend in Ihlow-Simonswolde auf die Oldersumerstraße zwischen Molkereischloot und Krummlandsweg | **Öffnungszeiten** jederzeit zugänglich | **Tipp** Im benachbarten Ihlowerfehn steht die »Mühle Bertha«, ein Wahrzeichen der Gemeinde Ihlow. Sie wurde 1870 erbaut und kann von außen besichtigt werden.

46 Das Therapie-Zebra

Schwarz-weiße Attraktion auf dem Pferdehof

Wer durch das Örtchen Fahne in der Gemeinde Ihlow fährt, der kann sich beim Blick über die Wiesen schon mal wundern. Steht da etwa ein Zebra auf der Weide? Ein afrikanisches Wildtier mitten in Ostfriesland? Ja, richtig gesehen. Dürfen wir vorstellen? Das ist Stripes. Der schwarz-weiß gestreifte Hengst lebt zusammen mit seinen acht Pferdekollegen auf dem Reit- und Therapiehof von Sarah Klaassen.

Die 30-Jährige hat vor zweieinhalb Jahren zusammen mit ihrem Lebenspartner einen ehemaligen Milchviehbetrieb gekauft und viel Zeit und Arbeit investiert, um sich mit einem Reit- und Therapiezentrum selbstständig zu machen. Damit hat sich die gelernte Sport- und Fitnesskauffrau ihren Lebenstraum erfüllt. »Ich habe definitiv meinen Traumberuf gefunden und kann mir nichts anderes mehr vorstellen«, sagt sie. Besonders toll sei die Zusammenarbeit zwischen Menschen und Tieren und zu sehen, wie sich Kinder und Erwachsene dadurch körperlich und psychisch positiv verändern. Sarah Klaassen bietet pferdegestützte Therapie vom Boden aus oder auf dem Pferderücken an. Ziele sind die Stärkung des Selbstbewusstseins, die Verbesserung der Motorik und der Abbau von Ängsten. Das Angebot richtet sich beispielsweise an Kinder mit ADHS oder Autismus, aber auch »normaler« Reitunterricht steht auf dem Programm. »Jeder ist auf meinem Hof herzlich willkommen, ob groß oder klein, jung oder alt, gesund oder krank«, erzählt Sarah Klaassen.

Und wie kommt nun eigentlich ein Zebra nach Ostfriesland? Die Ihlowerin hat den jungen Hengst vor etwa drei Jahren als Fohlen von einem niederländischen Pferdehändler gekauft. Allen, die behaupteten, ein Zebra sei nicht zähmbar, hat sie das Gegenteil bewiesen. Mittlerweile wird das afrikanische Wildtier von den Kindern auf dem Hof gebürstet und sogar geführt geritten. Und übrigens: Für ein Selfie ist Stripes auch immer zu haben.

Adresse Fahnster Streek 1, 26632 Ihlow | **Anfahrt** ab Aurich über Oldersumer Straße/Auricher Straße bis Westerende-Kirchloog, links in Loogstraße, dann links in Fahnster Streek bis zum Ziel | **Öffnungszeiten** Termine nach Vereinbarung unter Tel. 01577/1406828 | **Tipp** Falls Sie nach so viel Exotik Lust auf ein traditionell ostfriesisches Fischbrötchen haben: In der Fahnster Streek in Ihlow gibt's gleich zwei Fischräuchereien.

47 Der Hammersee

Der größte Süßwassersee aller Nordseeinseln

Juist ist mit 17 Kilometern die längste der Ostfriesischen Inseln. Das Besondere am Eiland zwischen Borkum und Norderney: Sie ist autofrei. Zu Fuß und mit dem Fahrrad ist alles zu erreichen, Pferdekutschen prägen das Bild der Insel. Sie ersetzen motorisierte Untersätze in allen Bereichen, als Taxi, Transportwagen, Müllabfuhr. Ruhe und Entschleunigung auf Juist, ein bisschen wie in einer anderen Welt.

Dabei prägten die Insel im niedersächsischen Wattenmeer der Nordsee stürmische Zeiten. Die Petriflut im Februar 1651 zerriss die Insel in zwei Teile. Genau an der Stelle des heutigen Hammersees. Die verheerende Sturmflut im 17. Jahrhundert traf die Küsten und Inseln von ganz Friesland, der Deutschen Bucht und dem Alten Land und kostete neben riesigen Landverlusten auch bis zu 15.000 Menschen das Leben.

Das Naturdenkmal Hammersee im Westen der Insel Juist entstand letztendlich, als 1932 bei einer weiteren Sturmflut der nördliche Deich durchbrochen wurde. Zuvor hatten die Insulaner den etwa zwei Kilometer langen Durchbruch nach der Petriflut erst an der Südseite zugeschüttet und dann im Norden einen Sanddamm errichtet. Doch das Wasser bahnte sich seinen Weg und floss nicht mehr ab, der Salzgehalt ging im Laufe der Jahre immer weiter zurück und ließ einen Süßwassersee entstehen – den mit 17,3 Hektar Wasserfläche größten aller Nordseeinseln. Umgeben von Dünenketten ist er zu einem auf den niedersächsischen Inseln einzigartigen Biotop geworden. Insekten, Vögel und Kleintiere haben im See, dem umliegenden Schilfgürtel und dem angrenzenden Wäldchen, einem Naturschutzgebiet, ihren weitgehend ungestörten Lebensraum gefunden.

Der Hammersee hat übrigens nichts mit dem gleichnamigen Werkzeug zu tun. Sein Name stammt vom ostfriesischen Wort Hammrich, einer gemeinschaftlich genutzten Weidefläche, durch deren Überflutung der Hammersee letztlich entstanden ist.

Adresse Domäne Loog, 26571 Juist | **Anfahrt** Fähre Norddeich – Juist, ab Anleger über Hafenstraße Richtung Hammerseestraße und Störtebekerstraße | **Öffnungszeiten** jederzeit zugänglich | **Tipp** In den Ostdünen der Insel verläuft der Otto-Leege-Pfad, ein ökologisch-künstlerischer Lehrpfad. Er ist nach dem ehemaligen Ersten Kommissar für Naturschutz in Ostfriesland, Otto Leege, benannt, der den Hammersee in den 1920er Jahren bepflanzt hat.

48 Das Haus Siebje

Ein Juister Schmuckstück

Als das Haus Siebe 1811 gebaut wurde, da gehörte die Insel Juist nach dem Frieden von Tilsit noch zum französischen Königreich Holland. Im November 1811 besetzten holländische Truppen unter der Führung französischer Offiziere die Nordseeinsel. Die Kirche wurde zur Festung, das Pfarrhaus zur Soldatenunterkunft. Erst nach der Besatzungszeit 1816 gehörte Juist zum Königreich Hannover.

Als das Haus Siebje 1811 gebaut wurde, da herrschte nach einigen heftigen Sturmfluten in den vorangegangenen Jahrzehnten große Armut auf der Insel. Ein Großteil der Juister Männer fuhr zur See. Sie heuerten auf Walfang- oder Handelsschiffen an und verdienten so ihren Lebensunterhalt. Das war ein gefährliches Unterfangen, und nicht wenige Juister Seeleute blieben für immer in der rauen Nordsee verschollen.

Könnte das Haus Siebje Geschichten erzählen, dann hätte es wohl viel zu berichten über die letzten mehr als 200 Jahre, in denen es nun schon Wind und Wetter trotzt. Von der Entwicklung zum Seebad etwa, die 1840 einsetzte und fortan immer mehr Badegäste auf die Insel zog. Oder davon, wie der Kurbetrieb im Zweiten Weltkrieg fast zum Erliegen kam und wie sich Juist danach zu einer der beliebtesten deutschen Urlaubsinseln mauserte.

Zusammen mit den anderen alten Insulanerhäusern rund um den Janusplatz zeigt das Haus Siebje die alte Juister Bautradition. Es gehört heute dem Heimatverein, der das baufällige Gebäude von 1983 bis 1986 restauriert hat. Der Name Siebje stammt übrigens vom letzten Besitzer. In dem Juister Schmuckstück gibt es regelmäßig Ausstellungen heimischer Künstler und Kunsthandwerkermärkte zu sehen, in der oberen Etage hat das Archiv des Heimatvereins seinen Platz. Die Insulaner haben direkt am Haus ein Metallgitter für Liebesschlösser angebracht. Hier kann jeder in traditionsreicher Umgebung ein Souvenir seiner Liebe auf Juist hinterlassen.

Adresse Friesenstraße 19, 26571 Juist | **Anfahrt** Mit der Fähre ab Norddeich-Mole nach Juist, dort zur Hellerstraße/Ecke Warmbadstraße | **Öffnungszeiten** unterschiedlich, Infos beim Heimatverein unter Tel. 04935/78464 | **Tipp** Auf dem Kurplatz der Insel befindet sich der sogenannte Schiffchenteich. In dem ehemaligen Springbrunnenbecken lassen schon seit Generationen Juister Kinder und Besucher ihre Modellschiffe fahren.

49 Das Memmertfeuer

Der Leuchtturm, der eigentlich keiner ist

Auf den ersten Blick sieht es aus wie ein ganz normaler Leuchtturm, das Memmertfeuer auf der Insel Juist. Doch wer sich mit der Seefahrt ein bisschen auskennt, dem wird ziemlich schnell der ungewöhnliche Standort des Turms auffallen. Das Memmertfeuer steht nämlich hinter dem Hafen auf der Wattseite zum ostfriesischen Festland gerichtet, und nicht direkt an oder in der offenen Nordsee. Einige Juister behaupten sogar, dass diese Lage eines Leuchtturms weltweit einzigartig sei.

Dabei ist das Memmertfeuer streng genommen gar kein richtiger Leuchtturm. Zumindest hatte es auf Juist nie die Funktion eines offiziellen maritimen Seezeichens. Leuchttürme dienen den Seeleuten ja bekanntermaßen zur Ortsbestimmung, zeigen Untiefen an oder dienen der Fahrwassermarkierung. Besonders nachts sind sie in der Dunkelheit durch die Leuchtfeuer weithin sichtbar.

Aber das Memmertfeuer schickt sein Licht eben nicht in Richtung Nordsee, sondern über die Insel Juist. Es stammt ursprünglich von der neben Juist gelegenen kleinen Vogelschutzinsel Memmert. Deren Leuchtturm wurde 1986 nach starken Beschädigungen durch Erosion stillgelegt, doch die Juister wollten das Leuchtfeuer unbedingt erhalten und auf ihre Insel holen. So bildete sich eine Interessengemeinschaft, und mit Hilfe von Spendengeldern von Insulanern und Gästen konnte ein neuer Turm am Hafeneingang für das Leuchtenhaus aus dem Memmertturm gebaut und 1992 eingeweiht werden.

Übrigens gab es auf Juist auch vor dem Memmertfeuer überhaupt keinen Leuchtturm. Die Seezeichen der benachbarten Inseln Borkum und Norderney reichten immer für eine sichere Navigation der Schiffe an der ostfriesischen Nordseeküste aus. In den Sommermonaten gibt's gegen eine beliebig hohe Spende zum Erhalt des Turms geführte Besichtigungen des Juister Wahrzeichens. Termine dafür werden per Aushang direkt am Memmertfeuer bekannt gegeben.

Adresse Bahnhofstraße, 26571 Juist | Anfahrt ab Fähranleger Norddeich-Mole nach Juist, dann über Bahnhofstraße und Hafenstraße zum Ziel | Öffnungszeiten von den niedersächsischen Osterferien bis zum Ende der Herbstferien täglich von 15–16 Uhr | Tipp Der andere wichtige Turm und ebenfalls Wahrzeichen der Insel ist der 1928 gebaute Wasserturm, der alle anderen Gebäude der Insel überragt.

50 Der Töwerland-Express

Juists Reederei-Rebell

Seit 1871, also seit mehr als 150 Jahren, pendeln die Fähren der Reederei Frisia zwischen Norddeich-Mole und Juist. Bis 2019 waren sie die einzigen Schiffe, die Insulaner, Urlauber, Tagesgäste und Saisonarbeiter vom Festland zur Insel und zurück transportierten. Dann kam der Töwerland-Express. Die Mini-Fähre mit maximal zwölf Sitzplätzen macht seitdem der großen Frisia Konkurrenz und sorgte zunächst für ordentlich Wirbel. Dabei sieht Jörg Schmidt, Betreiber des Töwerland-Express und Gastronom auf Juist, keine Konkurrenz zur Reederei Frisia. Seine Zwergfähre soll vielmehr ein zusätzliches Angebot sein. Da das kleine Boot nur wenig Tiefgang hat, ist es nicht an Fahrrinnen gebunden und daher schneller als die größeren Fähren. So beträgt die Fahrtzeit mit dem Töwerland-Express mit etwa 40 Minuten nur gut halb so lang wie die mit der Frisia. Zudem ist das Boot mit drei- bis sechsmal täglich wesentlich häufiger zwischen Festland und Insel unterwegs. Auch wenn man beim Komfort einige Abstriche machen und für die Überfahrt etwas tiefer in die Tasche greifen muss, ist der flotte Töwerland-Express sicher eine wertvolle Ergänzung zum Fähren-Oldie.

Woher kommt eigentlich der Name Töwerland-Express? Töwerland, das bedeutet Zauberland, und so nennen die Juister ihre Insel. Der Begriff stammt aus einem alten Seemannslied über die Ostfriesischen Inseln.

»Wangerooge de Schone, Spiekeroog de Groene, Langeoog dat Botterfatt, Baltrum nöm wi Sandstadt, Nordernee dat Roverland, Juist dat is dad Töwerland – de Börk'mers melken Kohjen un bruuken Schiet to Brand.«

Zauberhaft, weil besonders, macht die Insel Juist die Tatsache, dass sie autofrei ist. Hier wird alles mit Pferdkutschen erledigt, vom Taxi bis zur Müllabfuhr. Außerdem besticht Juist durch ihre einzigartige Form: Sie ist 17 Kilometer lang, aber nur etwa 500 Meter breit, sodass man nie weit vom Meer entfernt ist.

Adresse Am Fischereihafen, 26506 Norden-Norddeich, Juist | Anfahrt ab Fähranleger Norddeich-Mole nach Juist-Hafen. Infos zu den Fahrtzeiten unter www.toewerland-express.de | Tipp Auf Juist angekommen, sollte man sich das Küstenmuseum ansehen. Es liegt im Ortsteil Loog und zeigt die Insel- und Bädergeschichte sowie Exponate zur Natur und zum Küstenschutz von Juist.

51 Das Deicharbeiterdenkmal

Zur Erinnerung an die Weihnachtsflut 1717

»Kein Deich, kein Land, kein Leben«. Die Worte des deutschen Deichbaupioniers Albert Brahms (1692–1758) sind im Deicharbeiterdenkmal auf dem Diekskiel in der Gemeinde Krummhörn in Stein gemeißelt. Der gelernte Landwirt und spätere Deichrichter aus Sande am Jadebusen erlebte die verheerende Weihnachtsflut 1717, die auch seine Ländereien zerstörte. An diese Naturkatastrophe erinnert das Denkmal auf dem Diekskiel. Es ehrt aber vor allem die vielen Generationen von Deicharbeitern, die mit harter körperlicher Anstrengung unsere Küsten gegen die raue Nordsee schützten.

An Weihnachten 1717 brachte das Meer unseren Vorfahren an der Küste keinen Frieden, sondern Zerstörung und Tod. Die Flut ging als eine der schlimmsten Sturmfluten an der Nordseeküste in die Geschichte ein und hatte weitreichende Folgen. Die Flutwelle überraschte die Menschen in der Nacht vom 24. auf den 25. Dezember im Schlaf. Sie ließ die Deiche an der Küste der Niederlande, Norddeutschlands und Dänemarks brechen. Den Überschwemmungen fielen mehr als 11.000 Menschen und etwa 100.000 Tiere zum Opfer, schätzungsweise 8.000 Gebäude wurden zerstört. Besonders schlimm traf es die Grafschaft Ostfriesland: Hier starb ein Viertel der Bevölkerung in der Weihnachtsnacht.

Die Weihnachtsflut wirkte sich vor allem so verheerend aus, weil die Deiche in der wirtschaftlich geschwächten Küstenregion zu Beginn des 18. Jahrhunderts zum großen Teil marode waren. Auf diesen Zustand hatte Albert Brahms seine Landsleute immer wieder hingewiesen. Direkte Folge der Weihnachtsflut waren die Verarmung der Bevölkerung und eine Hungersnot.

Das Deicharbeiterdenkmal auf dem Diekskiel bei Pilsum wurde im Juli 1973 eingeweiht. Angesichts der Klimaveränderungen sind die Themen Deichbau und Küstenschutz aktueller denn je. Heute wie damals gelten Deichrichter Brahms' Worte: »Kein Deich, kein Land, kein Leben«.

Adresse Dieckskiel, 26736 Krummhörn | **Anfahrt** Straße von Greetsiel nach Groothusen, nach rechts Abfahrt »Meer«, Straße Dieckskiel bis zum Deich / Parkplatz fahren; bitte langsam fahren (schlechte Fahrbahn) | **Tipp** Wer schon in der Krummhörn ist, muss den berühmten Pilsumer Leuchtturm besuchen. Das rot-gelbe Wahrzeichen der Region ist unter anderem aus dem Film »Otto – der Außerfriesische« von Otto Waalkes bekannt.

52__Das Flinthörn

Willkommen im Vogelparadies Langeoog

Der Wasserturm, das Grab der Lale Andersen, das Schifffahrtsmuseum – Langeoog, mit etwa 20 Quadratkilometern die drittgrößte der Ostfriesischen Inseln, hat neben der traumhaften Sandstrand- und Dünenlandschaft einige Sehenswürdigkeiten zu bieten. Die eigentlichen Stars der Insel sind aber andere. Sie singen mindestens genauso gut wie einst Frau Andersen, überfliegen locker den Wasserturm und sind schon länger auf der Insel als jedes Museumsstück – Langeoogs Vögel.

Die autofreie Insel zwischen Spiekeroog und Baltrum kann sich zu Recht als Vogelparadies bezeichnen. Mit dem Flinthörn haben die Langeooger ihren gefiederten Mitbewohnern ein bedeutendes Vogelschutzgebiet geschaffen. Das Areal liegt im Südwesten der Nordseeinsel, ist ein Salzwiesen- und Dünengebiet und steht bereits seit 1963 unter Naturschutz.

Der Name Flinthörn stammt von den plattdeutschen Begriffen für Feuerstein (Flint) und Fluthaken (Hörn), wobei ein Fluthaken eine Sandfracht ist, die durch Brandung und Strömung entsteht. Das Flinthörn ist seit 1986 Teil der streng geschützten Ruhezone des Nationalparks »Niedersächsisches Wattenmeer« und darf daher nur auf den ausgewiesenen Wegen des Naturpfads betreten werden. Besonders zu empfehlen: geführte Wanderungen durch das Flinthörn.

Der Naturpfad Flinthörn ist etwa anderthalb Kilometer lang, führt vom Flinthörndeich zu einer Aussichtsplattform mit beeindruckendem Ausblick über Salzwiesen, Meer und Dünen und endet schließlich am Flinthörnstrand. Ausführliche Infotafeln beschreiben die Vogelwelt Langeoogs. Hierzu gehören Zugvögel wie Alpenstrandläufer, Knutts, Kiebitzregenpfeifer oder Pfuhlschnepfen. Aber auch dem Rotschenkel, der Zwergseeschwalbe, dem Austernfischer oder der äußerst seltenen Sumpfohreule bietet die Vogelinsel Langeoog ein Brut- und Rastgebiet. Auf Langeoog finden sich noch einige Vogelarten, die laut Roter Liste vom Aussterben bedroht sind.

Adresse 26465 Langeoog | **Anfahrt** Fähre Bensersiel – Langeoog, mit der Inselbahn zum Bahnhof, mit Fahrrad, Pferdekutsche oder zu Fuß zum Flinthörn im Südwesten der Insel | **Öffnungszeiten** jederzeit zugänglich | **Tipp** Seit 1875 ist die »Möwenkolonie« das älteste Naturschutzgebiet der Insel. Hier gibt's das Vogelwärterhäuschen mit Infos zur Vogelwelt auf Langeoog. Eine »Vogelkiekerwand« bietet die Möglichkeit, Vögel aus nächster Nähe in den Salzwiesen zu beobachten.

53 Das Grab des Inselbarons

Ein Leben für das Gedenken

Der Dünenfriedhof auf Langeoog ist in drei Gedenkstätten eingeteilt: das Grab Lale Andersens, die Kriegsgefangenengrabstätte und die Baltengedenkstätte. Die deutsche Sängerin Lale Andersen wurde nach ihrem Tod 1972 in ihrer Wahlheimat Langeoog beigesetzt. In der Kriegsgefangenengrabstätte fanden 113 Sowjets, die im Zweiten Weltkrieg auf Langeoog unter unmenschlichen Bedingungen einen Luftwaffenstützpunkt bauen sollten, ihre letzte Ruhestätte. Welche grausamen Schicksale hinter der Baltengedenkstätte stecken, wissen sicher die wenigsten. Und vor allem, wer sich rund 50 Jahre seines Lebens dafür eingesetzt hat, dass diese nicht in Vergessenheit gerät.

Jürgen Baron von Schilling ist der Sohn Hermann von Schillings, eines deutsch-baltischen Flüchtlings, der 1946 auf Langeoog verstarb. Wie traumatisch muss eine Flucht vor dem Krieg ins Ungewisse, gerade für ältere Menschen, sein? Das war das Schicksal von 326 Baltendeutschen, die im Februar 1945 aus einem Altenheim in Westpreußen evakuiert wurden und nach einer dramatischen Flucht schließlich auf Langeoog landeten. Ihnen zu Ehren bauten die Insulaner die Gedenkstätte. Ein Stein mit Baltenkreuz und den Worten »In Treuen fest« und Tafeln mit den Namen der Verstorbenen bilden deren Zentrum.

Einer der Namen ist Hermann von Schilling, dessen Sohn Jürgen sich seit 1960 bis zu seinem Tod 2008 dem Aufbau des Denkmals und dessen Pflege gewidmet hat. Jürgen Baron von Schilling war auch an der Gestaltung der Friedhofskapelle beteiligt. Der studierte Mediziner war während des Zweiten Weltkriegs Chefarzt auf dem Lazarettschiff »Rügen«, 1946 ließ er sich in Wilhelmshaven nieder.

Das Grab von Schillings auf dem Dünenfriedhof kann jederzeit besucht werden, und die Langeooger haben ihrem Inselbaron selbst ein Denkmal gesetzt. Sie benannten den Weg am Inselfriedhof nach dem engagierten Ehrenbürger: Baron-von-Schilling-Weg.

Adresse Gerk sin Spoor 8a, 26465 Langeoog | **Anfahrt** Fähre Bensersiel – Langeoog, mit Inselbahn zum Bahnhof, mit Fahrrad, Pferdekutsche oder zu Fuß zum Dünenfriedhof | **Öffnungszeiten** jederzeit zugänglich | **Tipp** Mehr über die Geschichte Langeoogs erfährt man im Heimatmuseum »Seemannshus« im Caspar-Döring-Pad 3. Hier kann auch geheiratet werden.

54 Die Lego-Insel

Langeoog im Miniaturformat

Mal eben Langeoog im Kleinformat aus Lego-Steinen nachbauen? Warum eigentlich nicht? Das dachte sich wohl der zwölfjährige Kai Böker, als er 2006 nach einer Klassenfahrt auf der Nordseeinsel in seinen Heimatort Herford zurückkehrte. Alles begann für den Fan der dänischen Spielsteine mit einem Nachbau der Langeooger Inselbahn, dann folgten der Inselbahnhof und ein Fahrgastschiff und das Wahrzeichen der Insel, der Wasserturm.

Vor nun mehr als 15 Jahren nahmen Kai und sein Vater, der ihn bei den Baumaßnahmen im Maßstab 1:42 unterstützte, Kontakt zum Tourismus-Service Langeoog auf und stellten ihr Lego-Projekt vor. Die erste Ausstellung folgte prompt. Im Laufe der Jahre entwickelte sich daraus eine Dauerausstellung im Haus der Insel, und das Bauprojekt »Mini-Langeoog« wuchs und wuchs. Kai Böker, mittlerweile erwachsen und Lehrer von Beruf, ergänzte sein Lego-Langeoog von Jahr zu Jahr. Heute ist »Mini-Langeoog« ganze 45 Quadratmeter groß und besteht aus über einer Million Steinen. Es zeigt die Insel mit seinen bekannten Gebäuden, Schiffen und Wahrzeichen im wahrsten Sinne des Wortes bis ins kleinste Detail.

Der Lego-Nachbau der Insel ist schnell zu einem echten Publikumsmagneten geworden. Alle zwei Jahre veranstaltete das Haus der Insel zusammen mit den Erbauern Kai und Andreas Böker zuletzt die 1.000-Steine-Ausstellung. Sie ist die größte Lego-Ausstellung in ganz Norddeutschland und zieht regelmäßig Tausende Lego-begeisterte Besucher und Lego-Künstler aus ganz Deutschland auf die kleine Nordseeinsel. Neben dem Langeoog-Miniaturnachbau gibt es dann auch andere Nachbauten von Städten, Landschaften oder Phantasiewelten von privaten Lego-Fans zu bestaunen, und auf einem Lego-Flohmarkt kann nach ganz besonderen Schätzen gesucht werden.

»Mini-Langeoog« ist zu den Öffnungszeiten des Schifffahrtsmuseums im Haus der Insel geöffnet und in dessen Eintrittspreis enthalten.

Adresse Kurstraße 1, 26465 Langeoog | Anfahrt Fähre Bensersiel – Langeoog, ab Anleger über Störtebekerstraße, Kirchstraße, Hauptstraße, Barghausenstraße in Kurstraße | Öffnungszeiten Di 10 – 12 Uhr, Do 14 – 16 Uhr, Infos unter Tel. 04972/693211 | Tipp Das Schifffahrtsmuseum hält noch weitere Schätze bereit. Die Dauerausstellung »Müll im Meer« beispielsweise stellt die Folgen der Verschmutzung der Nordsee dar.

55 Das Pirolatal

Naturparadies mit Schmuggelvergangenheit

Im Westen Langeoogs erstreckt sich, nordöstlich des bebauten Gebiets der Insel, ein etwa zwei Kilometer langes und 100 bis 200 Meter breites Dünengebiet. Im Osten grenzt es an den Schloppsee, ein bis zu zwölf Meter tiefes Brackgewässer, das durch einen Dünendurchbruch während der verheerenden Weihnachtssturmflut 1717 entstanden ist. Im Norden bildet eine hohe Dünenkette die Trennlinie zum dahintergelegenen Strand und dem Meer.

Das Pirolatal ist ein kleines Stück unberührte Natur mitten im Weltnaturerbe Wattenmeer. Die Dünenlandschaft ist hauptsächlich mit Kriechweiden und Heidekräutern wie der Krähenbeere bewachsen. Namensgeber des Pirolatals ist das Rundblättrige Wintergrün *(Pyrola rotundifolia)*. Das Heidegewächs wird auch Dünenmaiglöckchen genannt, kommt heute aber durch die Trockenlegung des Tals nur noch selten vor. Das Langeooger Dünental ist ein Brutplatzparadies für Hohltauben, Brandgänse, Brachvögel, Sumpfohreulen und viele weitere Tierarten.

Von Westen nach Osten führt der Pirolaweg durch das Dünental. Der idyllische Wanderweg zwischen Dünen, Schlopp und Meer war vor etwa 200 Jahren eine beliebte Schmuggelroute.

Als Napoleon 1806 mit der Kontinentalsperre den Handel zwischen dem europäischen Festland und England verbot und somit den offiziellen Schiffsverkehr in Ostfriesland lahmlegte, entwickelte sich eine aktive Schmugglerszene zwischen dem zu England gehörenden Helgoland und den Ostfriesischen Inseln. Mit kleinen Fischerbooten und anderen Flachbooten waren die Schmuggler im Schutz der Dunkelheit unterwegs und erwarben auf Helgoland Zucker, Tee, Kaffee, Metallwaren oder Textilien. Die Waren erhielten sie entweder gegen Bargeld oder im Tausch gegen Butter, Käse oder Getreide. Nicht nur die verbotene Schmuggelfahrt über das Meer, sondern auch der Weg durch das Pirolatal war ein gefährliches Unterfangen: Auf den illegalen Handel stand die Todesstrafe.

Adresse Pirolaweg 2, 26465 Langeoog | **Anfahrt** Fähre Bensersiel–Langeoog, mit Inselbahn zum Bahnhof, mit Fahrrad, Pferdekutsche oder zu Fuß bis zum Pirolatal | **Tipp** Im Osten schließen sich der Schloppsee und die Melkhörndüne an das Pirolatal an. Die Melkhörndüne ist mit 20 Metern die höchste Erhebung Langeoogs. Von der Aussichtsplattform bietet sich ein wunderbarer Ausblick auf Wattenmeer, Salzwiesen und Vogelkolonien.

56 Die Harderwykenburg

»Erstes Haus Leer«

Was denn jetzt, Burg oder Haus? Nun, die Harderwykenburg in Leer ist keine typische Burg im Sinne einer Befestigungsanlage mit mehreren Gebäuden, Türmen und Burgmauern, wie man sie aus Mittel- und Süddeutschland kennt. Die 1480 erbaute Harderwykenburg ist ein Steinhaus. Diese Bauform ist eine Variante des französischen »Donjon«, des Wohn- und Wehrturms einer mittelalterlichen Burg. Sie entwickelte sich im 13. Jahrhundert in den Herrschaftsgebieten der friesischen Häuptlinge. Auch wenn der Backsteinbau im Stil eines »Hohen Hauses« also eher an ein Wohnhaus als an eine Burg erinnert, hatte die Harderwykenburg durchaus wehrhafte Elemente. Die Außenwände des Turms sind bis zu drei Meter dick, und es gab einen Wassergraben. Außerdem waren das erste Ober- und das Untergeschoss nicht miteinander verbunden und das Obergeschoss über eine einziehbare Holzbrücke zu erreichen.

Der Leeraner Häuptling Hajo Unken war Bauherr der Burg, die damals noch Unkenburg hieß. Nur wenige hundert Meter entfernt hatte die Burg seines Großvaters Focko Ukena gestanden, die von seinen Gegnern unter der Führung von Enno Cirksena 1431 zerstört worden war. Die Unkenburg diente hauptsächlich als Speicher und Sitz der Verwaltung. Das zweite Obergeschoss war bewohnbar, allerdings wurde es nur im Verteidigungsfall genutzt.

Zur Harderwykenburg wurde die Burg, nachdem Dietrich Harderwyk, Ehemann von Armgard Unken, das Steinhaus im 17. Jahrhundert von der Speicher- zur Wohnburg umbaute. 1788 ersteigerte Carl-Gustav Freiherr zu Innhausen und Knyphausen die Harderwykenburg. Sie befindet sich nach wie vor im Besitz der Familie und dient als Wohnsitz.

Mit ihren über 500 Jahren zählt die Harderwykenburg zu den ältesten noch erhaltenen Burgen Ostfrieslands. Außerdem ist sie eines der ältesten Exemplare eines »Hohen Hauses« und das älteste Haus der Stadt Leer. Da haben wir es wieder – Burg oder Haus?

Adresse Alte Marktstraße 1a, 26789 Leer | **Anfahrt** über A 31 bis Leer, Ausfahrt Leer-West, links auf Deichstraße, rechts auf Hajo-Unken-Straße, rechts auf Alte Marktstraße | **Öffnungszeiten** jederzeit von außen zu besichtigen | **Tipp** Burg oder Schloss? Die Evenburg im Leeraner Ortsteil Loga ist ein Wasserschloss im neugotischen Stil. Sie ist von einem sehenswerten Park umgeben, und im Schloss werden verschiedene Dauer- und Sonderausstellungen gezeigt.

57 Das Haus Samson

Wein, Wolff und Wohnkultur

Es gilt als eines der schönsten Häuser der Leeraner Altstadt. Das denkmalgeschützte Haus Samson ist allein durch seine Fassade von 1643 im Stil des niederländischen Frühbarocks sehenswert. Der Name stammt vom für seine Stärke bekannten Samson aus dem Alten Testament. Als das Haus 1570 gebaut wurde, war es nach niederländischer Tradition üblich, Häusern Namen zu geben. 1927 ging es in den Besitz der Familie Wolff über, die damals schon mehr als drei Jahrzehnte hier wohnte.

Bereits 1800 gründete Johannes Gross die heutige Weinhandlung und Spirituosenfabrik. Mittlerweile führt mit Jan Wolff und seiner Frau die siebte Generation das Familienunternehmen. Das Haus Samson ist heute das Stammhaus der Weinhandlung Wolff – hier befinden sich die Verwaltung und ein Weinfachgeschäft – und auch das Logo des Unternehmens. Wein Wolff bietet nicht nur Weine aus aller Welt, sondern auch über 100 Spirituosen aus eigener Herstellung an.

Jan Wolff, übrigens nicht nur Kaufmann, sondern auch Sommelier und Destillateur, hält die FREEsia Linie für besonders erwähnenswert. Da gibt es beispielsweise den FREEsia Gin, den FREEsia Rum, einen ostfriesischen Premium Rum, und den prämierten FREEsia XXX Birne-Whiskey. Hier genießt man eben ganz nach dem Motto »Eala frya Fresena« – die Friesische Freiheit. Besonders spannend ist laut Jan Wolff das ostfriesische Trinkverhalten, denn die Gemeinden zeigen in Bezug auf ihren Geschmack unterschiedliche Vorlieben. Während die Leeraner zum Beispiel gern den altbewerten »Kruiden« trinken, bevorzugen die Nachbargemeinden Aurich und Emden dagegen eher »Klaren«.

Familie Wolff liegt besonders das Museum in den oberen Stockwerken des Haus Samson am Herzen. Hier ist ein Stück der Wohnkultur Ostfrieslands des 18. und 19. Jahrhunderts ausgestellt und somit erhalten worden. Die Gegenstände wurden größtenteils aus dem ostfriesischen Raum zusammengetragen.

Adresse Rathausstraße 16–18, 26789 Leer | **Anfahrt** A 31, Ausfahrt Leer-West, über Deichstraße, Blinke, Neue Straße in Rathausstraße | **Öffnungszeiten** Mo–Fr 9–17 Uhr | **Tipp** Ein weiteres historisches Gebäude in Leer ist die »Alte Waage«. In dem 1714 errichteten Gebäude stand früher tatsächlich eine Handelswaage. Heute befindet sich in dem geschichtsträchtigen Haus am Museumshafen ein Restaurant mit moderner Küche.

58 Das Miniaturland

Ostfriesland im Kleinformat

Züge, Autos, Schiffe: Das Leeraner Miniaturland ist – im wahrsten Sinne des Wortes – eines der abgefahrensten Reiseziele in Ostfriesland. Die riesige Einrichtung umfasst seit 2011 den Nordwesten der Weser-Ems-Region inklusive ihrer vielen Sehenswürdigkeiten – und all das im Kleinformat. Auf mittlerweile mehr als 1.500 Quadratmetern bildet dieser Hotspot damit eine einzigartige Modelllandschaft ab. Wer dem Miniaturland einen Besuch abstattet, befindet sich somit en miniature gleichzeitig in den Städten Papenburg, Leer, Emden, Aurich, Oldenburg und Bad Zwischenahn, um an dieser Stelle nur einige zu nennen.

Mehr als 130 bewegte Szenen können gestartet und zahlreiche originalgetreu aufgebaute Details entdeckt werden, wie zum Beispiel eine Ems-Überführung von Kreuzfahrtriesen aus der Papenburger Meyer Werft in Richtung Emder Nordseehafen. Das Miniaturland gestattet derweil aber auch einen Blick über die Grenzen der ostfriesischen Halbinsel: So ist etwa die Bundeshauptstadt Berlin ein Thema. Im Obergeschoss der neuen Ausstellungshalle ist 2018 nämlich zudem die Modellanlage LOXX eingezogen. Auch sie hält überraschend viele Highlights bereit, wie beispielsweise das Berliner Regierungsviertel, Berlin-Mitte und den neuen Flughafen BER. Dessen Fertigstellung soll übrigens bei Weitem nicht so lange gedauert haben wie die des großen Bruders. Viel beachtet ist im Übrigen auch einer der größten Vitrinen-Modellausstellungen Norddeutschlands mit mehr als 5.000 Autos und Zügen verschiedener Epochen. Alle Hallen und Restaurants sind klimatisiert und selbstverständlich barrierefrei.

Nach einem ausgiebigen Besuch dieser Welt in H0 macht es auch Spaß, eine erholsame Zeit im anderthalb Hektar großen Park zu verbringen. Dort wartet unter anderem eine der schönsten Minigolf-Anlagen der Region auf die Besucherinnen und Besucher. Außerdem laden Café und Bistro zum Verweilen ein.

Adresse Konrad-Zuse-Straße 1, 26789 Leer | **Anfahrt** A 31 in Richtung Leer, Ausfahrt Leer-West, abbiegen auf Deichstraße bis Ziel | **Öffnungszeiten** Di–So 10–17 Uhr. Mo Ruhetag; letzter Einlass in die Ausstellung: 16 Uhr; Hunde dürfen nicht in die Ausstellung mitgenommen werden | **Tipp** Wenn man schon mal in Leer ist, dann sollte ein Besuch der Leeraner Altstadt unbedingt dazugehören. Viele historische Gebäude und interessante alteingesessene Geschäfte warten auf die Besucher.

59 Der Plytenberg

Ein Erdhügel aus dem Reich der Riesen?

Berge in Ostfriesland? Die Antwort lautet wohl eigentlich: nein. Der Ostfriese sieht das anders. Auch kleinste Höhenunterschiede oder Erdhügel werden hier Berge genannt, was bei dem einen oder anderen mittel- und süddeutschen Gast für irritierte Blicke sorgt. Die höchste Erhebung in Ostfriesland ist die Walter-Großmann-Düne auf Norderney. Sie ist 24,4 Meter hoch, aber eben eine Düne, und die nennt nicht mal ein Ostfriese »Berg«. Der höchste richtige Hügel liegt im Wald- und Heidegebiet Hollesand, der »Kugelberg« misst stolze 18,6 Meter. Und dann gibt's in Aurich ja auch noch die Eierberge, die sind immerhin bis zu 14,5 Meter hoch.

Ach ja, hier geht's ja um den Plytenberg. Der erreicht zwar nur eine Höhe von zwölf Metern, aber ist dafür sagenumwoben. Der unter Denkmalschutz stehende Berg liegt am westlichen Stadtrand von Leer und ist ein künstlich aufgeworfener Erdhügel. Heidnische Opferstätte, Grab eines Wikingerkönigs, Hexentanzplatz – Geheimnisse und Mythen ranken sich um die Entstehung des legendären Plytenbergs.

Es heißt, zwei Riesenfräulein sammelten auf Baltrum und Juist glitzernden Dünensand und brachten ihn in ihren Schürzen übers Watt aufs Festland. Bei Leer riss einer das Schürzenband, und der Sand fiel auf einen Haufen – der Plytenberg entstand. Ein Kunstmärchen von Albrecht Janssen von 1926 erzählt, dass im Plytenberg die Erdmantjes, eine Art Heinzelmännchen der friesischen Mythologie, wohnen. Sie bewachen dort das Gold und das Grab des letzten Friesenkönigs Radbod und helfen nachts den Menschen, indem sie heimlich Arbeiten verrichten.

Die historisch vielleicht seriöseste Vermutung ist, dass der Plytenberg ein Aussichtsposten war. Von hier aus überwachte im 15. und 16. Jahrhundert die Besatzung der Festung Leerort an der Mündung der Leda in die Ems die Gegend in Richtung Emden. Klingt im Vergleich zu Erdmantjes und Riesenfräulein fast langweilig, oder?

Adresse Plytenbergstraße, 26789 Leer | Anfahrt über die A 31 nach Leer, dort auf die Emsstraße in Richtung Ubbo-Emmius-Straße, kurz vorher rechts abbiegen auf Plytenbergstraße | Tipp An Ostern lohnt sich ein Besuch des Plytenbergs ganz besonders. Dann kann man hier Kindern beim »Eiertrullern«, einer alten ostfriesischen Tradition, zusehen.

60_Die Pünte

Älteste handgezogene Fähre in Nordeuropa

»Fährmann hol over!« heißt es jedes Jahr am 1. Mai, wenn die Püntensaison in Wiltshausen eröffnet wird. Mit einem kleinen Volksfest wird sie dann gefeiert, die älteste Fähre Nordeuropas, die noch per Hand gezogen wird. Die Fahrtzeit der Pünte geht bis zum 3. Oktober, von Mittwoch bis Sonntag ist sie auf der Jümme, nahe deren Mündung in die Leda, unterwegs. So verbindet sie Amdorf, einen Ortsteil der Gemeinde Detern, mit Wiltshausen, einem Stadtteil von Leer.

Die historische Pünte ist nicht nur eine der letzten ihrer Art in ganz Nordeuropa, sondern auch die älteste. Bereits 1562 wurde sie urkundlich erwähnt. Die Pünte war damals und über mehrere Jahrhunderte eine wichtige Verbindung zwischen Westfalen und Ostfriesland. Denn wegen des moorigen Untergrunds gab es keine Brücken in diesem Flussabschnitt. Die Fähre spielte also eine entscheidende Rolle für den Reiseverkehr, die Postkutschen für den Handel zwischen den Regionen diesseits und jenseits von Jümme und Leda.

Heute, nach über 450 Jahren Dienstzeit, steht die Fähre unter Denkmalschutz. Bis 1975 betrieb der Landkreis die Pünte, stellte den Betrieb aber dann aus Kostengründen ein. Seitdem kümmert sich der Püntenverein, offiziell »Verein zur Förderung und Erhaltung der historischen Pünte als Denkmal auf dem Wasser«, um den Erhalt und den Betrieb der Fähre. Sie ist verkehrsstrategisch natürlich nicht mehr so bedeutend wie früher, aber nun zu einer beliebten Touristenattraktion geworden.

Die Fährmänner befördern Fußgänger, Fahrräder, Motorräder und Autos über das Flüsschen. Auf der Pünte haben bis zu 30 Passagiere und drei Fahrzeuge gleichzeitig Platz. Dabei ziehen die Fährleute mit Muskelkraft an einem Stahlseil, das von Ufer zu Ufer gezogen ist. Wenn die Fähre nicht in Betrieb ist, sinkt das Seil auf den Flussboden. Die Fährmänner nutzen Ebbe und Flut für den Fährbetrieb der historischen Pünte.

Adresse Amdorfer Straße 101, 26789 Leer-Wiltshausen | **Anfahrt** A 28, Ausfahrt Filsum in Richtung Leer, in der Gemeinde Detern am Zusammentreffen von Fährstraße und Amdorfer Straße | **Öffnungszeiten** 1. Mai–3. Okt. Mi bis So, Kontakt Fährleute unter Tel. 0151/62427171 | **Tipp** Im benachbarten Rhauderfehn gibt es einen außergewöhnlichen NABU Lehr- und Schaugarten. Befis NaturGarten im Ortsteil Burlage ist 10.000 Quadratmeter groß und hat den Schutz und die Förderung der Artenvielfalt zum Ziel.

61 Das Wilhelmine-Siefkes-Haus

Die Grande Dame der plattdeutschen Literatur

Das Leben und Wirken historischer Frauenpersönlichkeiten bekannt machen – das ist das Ziel der Initiative FrauenORTE des Landfrauenrates Niedersachsen. Orte, an denen weibliche Geschichte geschrieben wurde, werden zu kulturtouristischen Treffpunkten. Seit 2011 ist die Stadt Leer einer dieser FrauenORTE, gewidmet der Heimatdichterin Wilhelmine Siefkes. Führungen auf den Spuren der Leeranerin beginnen in ihrem Geburtshaus in der Rathausstraße. Im historischen Rathaus gibt es eine Ausstellung über die Frau, die zu den interessantesten Persönlichkeiten der Stadt Leer zählt. Dann geht die kulturelle Reise durch die Altstadt weiter zur Stadtbücherei und der Keerlke-Figur.

Keerlke, das ist Wilhelmine Siefkes' bekannteste Romanfigur. In der Erzählung beschrieb sie das Leben eines verarmten Arbeiterkindes. Die 1890 geborene Leeranerin arbeitete zunächst als Lehrerin. Siefkes war politisch in der SPD aktiv und wurde 1928 sogar ins Stadtparlament gewählt. Anfang der 1930er Jahre übersetzte sie Märchen und Sagen für Kinder ins Plattdeutsche und schrieb Kurzgeschichten. Mit der Machtergreifung der Nationalsozialisten verlor Wilhelmine Siefkes ihre wichtigsten Wirkungsfelder. Das Jugendheim, in dem sie arbeitete, wurde zum Hitlerjugendheim, und sie erhielt ein generelles Schreibverbot. Die Lehrerin wurde sogar offiziell aus dem Schuldienst entlassen, weil sie sich geweigert hatte, die Ergebenheitserklärung an den »Führer« zu unterschreiben. Unter dem Pseudonym Wilmke Anners vollendete die Schriftstellerin 1939 trotzdem ihren Roman »Keerlke«. Nach dem Zweiten Weltkrieg widmete sich Siefkes ganz der literarischen Arbeit, schrieb plattdeutsche Heimatspiele und Artikel für die Zeitschrift »Ostfriesland« der »Ostfriesischen Landschaft«. Für ihre Arbeiten erhielt die Grande Dame der plattdeutschen Literatur, die 1984 in ihrem Heimatort Leer verstarb, zahlreiche Auszeichnungen.

Adresse Rathausstraße, 26789 Leer | Anfahrt über die A 31 nach Leer-Stadtmitte in die Rathausstraße. Info Stadt Leer, Tel. 0491/9782315 | Tipp Schauen Sie sich unbedingt das Historische Rathaus von Leer an. Das Gebäude im Stil des Historismus von 1894 fällt durch seinen hohen Eckturm auf und ist eines der Wahrzeichen der Stadt Leer.

62 Der Schlosspark

Größter Englischer Landschaftsgarten des Nordens

»Ein uraltes Schloß am Meeresstrand, ein herrlicher Park im baumlosen Land, durch Dämme geschützt vor der stürmenden Flut, manch geräumiger Hof, manch reiches Gut. Viel wogendes Korn und Vieh auf der Weide und mahlende Mühlen und schweigende Heide. Viel Gottessegen! Wie seltenste Arten der Bäume gedeihn trotz des Nordwinds im Garten.« In seinem Gedicht »Lützburg« von 1882 lässt Theodor Fontane seiner Begeisterung für den Schlosspark Lütetsburg freien Lauf. Verständlich. Der Park in der Gemeinde Lütetsburg im Landkreis Aurich zwischen der Stadt Norden und dem Flecken Hage ist der größte private Englische Landschaftsgarten in ganz Norddeutschland.

Mehr als 30 Hektar groß ist der Park im frühromantischen Stil, der von mehreren Kilometern Wanderwegen durchzogen ist. Der Schlossgarten Lütetsburg beeindruckt besonders durch seine Pflanzenvielfalt. Über 150 verschiedene Arten, ein Mix aus heimischen und exotischen Pflanzen und Bäumen, schmücken den Park.

Auch Tiere fühlen sich in der Gartenlandschaft wohl. Die Teiche und Wasserwege geben Schleien, Hechten und Graskarpfen einen Lebensraum, verschiedene Vogelarten und Fledermäuse sind im Park zu Hause. Mit etwas Glück trifft man einen Rotfuchs, Steinmarder oder, vor allem in den frühen Morgenstunden, einen Feldhasen. Auch Dam- und Rehwild lebt im Schlosspark und traut sich vor allem in der Dämmerung aus der Deckung.

Der Schlosspark Lütetsburg ist das Lebenswerk von Reichsfreiherr Edzard Mauritz zu Inn- und Knyphausen, Präsident der Ostfriesischen Landschaft. Er legte 1790 nicht nur den Garten an, sondern stattete ihn auch mit Monumenten und Staffagen aus, die bis heute einen Einblick in die Familiengeschichte der Schlossbesitzer geben. Es gibt beispielweise eine Steinpyramide zum Gedenken an die Mutter von Knyphausens oder die Carolineninsel, die der spätere Graf seiner verstorbenen Tochter widmete.

Adresse Landstraße 39, 26524 Lütetsburg | **Anfahrt** B 72 Richtung Norddeich, am ersten Kreisel rechts Richtung Hage | **Öffnungszeiten** Mai–Sept. 8–21 Uhr, Okt.–April 10–17 Uhr | **Tipp** Machen Sie unbedingt im Schlossparkcafé halt. Auf der großen Terrasse und im alten Gewächshaus werden in ganz besonderer Atmosphäre saisonale Köstlichkeiten serviert.

63__Der Gasthof »Zur Waage«

Fränkisch, friesisch, frisch

Passen ostfriesische Ottifantenfiguren und bayerische Schießscheiben als Gastraumdekoration zusammen? Vertragen sich Snirtjebraten, Grünkohl, Ochsenbäckchen und Leberkäse auf einer Speisekarte? Und kann man waschechten Ostfriesen wirklich eine Maß fränkisches Bier schmackhaft machen? Gerd und Nando Hecht, die Besitzer des Gasthofs »Zur Waage«, beantworten diese Fragen mit einem klaren Ja. Die beiden Franken vereinen in Marienhafe fränkische und ostfriesische Traditionen und schaffen damit eine außergewöhnliche gastronomische Kombination.

Zum Gasthof »Zur Waage« gehören zwei Ferienhäuser, die direkt am Wasser liegen und jeweils einen eigenen Bootsanleger mit Boot besitzen, und das Traditionshotel im Zentrum von Marienhafe. Das kleine Familienhotel in der Gemeinde Brookmerland im Landkreis Aurich verfügt über fünf Zimmer, eine Wirtsstube und einen gemütlichen Biergarten.

Wenn zwei Kulturen aufeinandertreffen, kann es auch mal zu mehr oder weniger lustigen Missverständnissen kommen. So sind die beiden Wahlostfriesen einmal gefragt worden, ob sie auch Teetafeln anbieten. Nando Hechts Antwort »Klar, zu jeder Gelegenheit« hat beim ostfriesischen Gegenüber wohl für Verwirrung gesorgt. Denn Teetafeln finden hier nur nach Beerdigungen statt und sind in Franken unter dem Begriff »Leichenschmaus« bekannt.

Mit der Zeit haben sich die beiden Gastronomen und leidenschaftlichen Gastgeber aus Süddeutschland aber an die Traditionen in ihrer neuen Heimat gewöhnt. Martini-Singen, Bogenmachen, Boßeln und Verknobeln sind für sie längst keine Fremdwörter mehr. Und auch die Brookmerlander stehen den Spezialitäten der fränkischen Küche zum großen Teil sehr offen und neugierig gegenüber. Ob Weißwurst mit Brezeln oder Omelett mit Nordseekrabben, ob Bier aus Franken oder eine ostfriesische Teezeremonie: Zwei Franken im ostfriesischen Störtebekerland – passt perfekt.

Adresse Rosenstraße 6, 26529 Marienhafe | **Anfahrt** über die B 72 von Aurich oder Emden kommend links in den Ortskern von Marienhafe abbiegen. Infos Tel. 04934/316 | **Tipp** Noch deutlich weiter als nach Franken orientierte sich der 1564 im Esens geborene David Fabricius. In Osteel, einer Nachbargemeinde Marienhafes, steht ein Denkmal des Theologen und Astronomen, der diverse Sterne entdeckte, auf dem Friedhof.

64 Der Störtebekerturm

Das Wahrzeichen des Störtebekerlands

Gottes Freund und aller Welt Feind, das soll er gewesen sein, der legendäre Pirat Klaus Störtebeker. Um seine Person ranken sich unzählige Legenden, zeitgenössische Quellen und historische Belege gibt es kaum. Das stört die ostfriesischen Gemeinden Marienhafe, Hage und Großheide nicht. Sie haben sich zum Tourismusverbund Störtebekerland zusammengeschlossen. Das Wahrzeichen des Störtebekerlands, der Störtebekerturm, steht in Marienhafe.

Der Legende nach hat der berühmte Freibeuter Ende des 14. Jahrhunderts in Marienhafe, das damals noch direkt an der Leybucht lag und per Schiff zu erreichen war, Zuflucht vor seinen Verfolgern von der Hanse gesucht. Da die Ostfriesen ebenfalls mit der Hanse auf Kriegsfuß standen, gewährten sie den Piraten, den sogenannten Vitalienbrüdern, bereitwillig Unterschlupf. So nannte sich eine Gruppe Seefahrer, die im 14. Jahrhundert als Kaperfahrer auf Nord- und Ostsee unterwegs war. Störtebeker und Kollegen sollen im Turm der St.-Marien-Kirche ihre Schätze vor ihren Feinden versteckt haben. Und es heißt, der legendäre Freibeuter habe sogar eine Tochter des friesischen Häuptlings Keno tom Brok geheiratet.

Im ersten Stockwerk des Turms befindet sich die Störtebekerkammer, in der der Pirat sich damals versteckt haben soll. Hier erläutert heute das Turmmuseum mit einer Ausstellung die Baugeschichte der St.-Marien-Kirche. Der Aufstieg zum Turm, vorbei an den großen Kirchenglocken, ist eine spannende Sache, da die Stufen sehr steil und schmal sind. Oben angekommen, bietet sich aber in 32 Meter Höhe ein toller Blick über Ostfriesland bis hin zu den Ostfriesischen Inseln.

Der Turmführer erzählt bei einer geführten Besichtigung alles über die Geschichte von Kirche und Störtebekerturm und vor allem spannende Anekdoten über die Zeit, in der sich der legendäre Freibeuter im Marienhafener Wahrzeichen versteckt haben soll.

Adresse Am Markt 9, 26529 Marienhafe | **Anfahrt** B 72 bis Marienhafe, links auf Rosenstraße bis zum Markt | **Öffnungszeiten** Infos unter Tel. 04934/374 und unter www.marienhafe.de | **Tipp** Perfekt für Sport- und Kulturbegeisterte ist die Radroute »Häuptlinge, Freibeuter und Freie Friesen«. Die 73 Kilometer lange Entdeckertour führt auf den Spuren von Klaus Störtebeker durch Ostfriesland.

65 Das Dörpmuseum

Einblick in das Leben der Moorkolonisten

Reise in die Vergangenheit gefällig? In Münkeboe, einem Ortsteil der Gemeinde Südbrookmerland im Landkreis Aurich, geht das. Das Dörpmuseum, das ist Plattdeutsch und bedeutet Dorfmuseum, zeigt das Leben der Moorkolonisten Ostfrieslands im 19. Jahrhundert. Und das eben dem Namen entsprechend in Form eines ganzen Dorfes. Geschichte zum Anfassen.

Die Moorkolonisierung hat die Vergangenheit der Ostfriesen in besonderem Maße geprägt. Ausgedehnte Moorlandschaften bedeckten das Land nach der letzten Eiszeit. Diese galt es, nutzbar zu machen und zu besiedeln. Das Leben als Moorkolonist war hart. Die Moorsiedler ließen sich zunächst am Rande eines Moorgebietes nieder, um es zu entwässern. Bei der Moorbrandkultivierung steckten sie die Moorflächen in Brand und säten anschließend Buchweizen, Hafer oder Weizen in die Asche ein. Außerdem stachen sie Torf, um ihn als Brennmaterial zu nutzen. Mühevolle Arbeiten mit wenig Ertrag, was ein Leben in unvorstellbarer Armut zur Folge hatte. Zunächst lebten die Moorkolonisten in Torfhütten mit ihren Tieren zusammen, später immerhin in Ziegelbauten, aber immer noch in unglaublicher Enge und Kargheit bei schwerster Arbeit.

Das Dörpmuseum in Münkeboe macht uns heutigen Menschen die Lebenswelt der ostfriesischen Moorkolonisten im 19. Jahrhundert erlebbar. Es zeigt, wie die Menschen sich aus der Moorlandschaft in eine Zivilisation gekämpft haben. Im Museumsdorf gibt's eine Schmiede und eine Stellmacherei, in der Kutschen, Schubkarren und Räder hergestellt werden, außerdem ein Sägewerk, eine Weberei und ein Spritzenhaus. Das Dorf komplett machen der Dorfkrug mit Destille, die Schule, eine Bäckerei und ein Kolonialwarenladen. Besonders an den sogenannten Arbeitstagen lohnt sich ein Besuch im Dorfmuseum, dann werden die verschiedenen alten Handwerkstechniken der Kolonisten anschaulich vorgeführt und erläutert.

Adresse Mühlenstraße 3a, 26624 Südbrookmerland-Münkeboe, Tel. 04942/646, www.doerpmuseum-muenkeboe.de | Anfahrt B 72/Moordorf in Richtung Victorbur, rechts ab auf Upender Straße bis Münkeboe, rechts in Mühlenstraße, das Museum befindet sich links | Öffnungszeiten 20. März–31. Okt. Di–So sowie an Feiertagen 10–17.30 Uhr | Tipp Der Galerieholländer in Münkeboe, auch »Fleetjers Mühle« genannt, wurde 1854 erbaut und gehört mittlerweile zum Dörpmuseum.

66__Das alte Sieltor

Lebenswichtiger »Durchlass« im Deich

Idylle abseits touristischer Betriebsamkeit: Der Küstenbadeort Neßmersiel ist der kleinste Badeort an der ostfriesischen Nordseeküste. Stress und Hektik sucht man hier vergebens. Von daher ist dieser Ort, der zur Gemeinde Dornum gehört, ein echter Geheimtipp. Neßmersiel liegt im Schutz der Deiche, nur etwa einen Kilometer vom Nationalpark Niedersächsisches Wattenmeer entfernt. Dem Spaziergänger bietet sich ein interessantes Panorama, denn es beinhaltet nicht nur einen Blick ins Binnenland, sondern auch auf Baltrum, Norderney und Langeoog. Der Norderneyer Leuchtturm ragt besonders heraus.

Sehr interessant ist auch die Historie: Der um das Jahr 1570 erbaute Hafen, von dem aus seinerzeit Raps und Getreide nach Hamburg, Bremen, in die Niederlande und nach Norwegen verschifft wurden, verschlammte durch die Eindeichung zur Landgewinnung und musste um 1700 aufgegeben werden. Deshalb wurde er näher an die Wasserkante verlegt, doch 1930 war auch er nicht länger zu nutzen. Erst 1969/70 errichteten die Neßmersieler einen Fährhafen, von dem aus Baltrum angefahren werden kann. Markant für die Besucher: Eine gute erhaltene historische Inschrift erinnert an das »neue Siel« von 1700. Na klar: Dieses Siel mit seinen tonnenschweren Toren ist längst das alte Siel und gilt nach wie vor als begehrtes Fotomotiv.

Wie bei allen ostfriesischen Sielorten leitet sich auch der Name Neßmersiel von dem speziellen »Durchlass« im Deich, dem »Siel«, ab. Durch ein solches lebenswichtiges Siel fließt ein Entwässerungsgraben, in dem sich das überschüssige Wasser des Hinterlands sammelt und zum Meer abgeleitet wird.

Das Ortsname Neßmersiel trägt seinen Namen übrigens nach der ehemaligen Vogtei Nesse. Denn auch für deren Entwässerung war das alte Siel zuständig. Der circa vier Kilometer entfernte Ort Nesse ist in etwa so groß wie Neßmersiel und hat ebenfalls eine wechselvolle Geschichte.

Adresse Ecke Dorfstraße/Westerdeicher Straße, 26553 Neßmersiel | Anfahrt über B 210/ Dornumer Straße nach Neßmersiel, Störtebekerstraße, Dorfstraße | Öffnungszeiten jederzeit zugänglich | Tipp In der Dorfmitte befindet sich die alte Schulglocke. Sie befindet sich unmittelbar neben dem Nordseemarkt.

67 Der Salzwiesenpfad

Die Küstenlandschaft hautnah erleben

Was ist eigentlich eine Salzwiese? Das ist eine typische Küstenlandschaft am Wattenmeer, oder? Viel mehr ist den meisten wohl gar nicht bekannt über diese ganz besonderen Landflächen an der Nordseeküste. Das kleine Küstenbadeörtchen Neßmersiel in der Gemeinde Dornum im Landkreis Aurich hat dem Thema Salzwiese einen Lehrpfad gewidmet.

Der Salzwiesen-Erlebnispfad in der Nähe des Hafens ist etwa 1,3 Kilometer lang. Für den Rundgang sollte man 45 bis 60 Minuten Zeit einplanen. Beim Spaziergang an der Wasserkante bei frischer Nordseeluft bringt der Salzwiesenlehrpfad dem Besucher das Thema Salzwiese auf anschauliche Weise näher. Die Tier- und Pflanzenwelt kann nicht nur aus nächster Nähe beobachtet werden, Infotafeln berichten außerdem ausführlich über die Entstehung von Salzwiesen und die typische Flora und Fauna.

Salzwiesen bilden sozusagen den Übergang zwischen Meer und Land. Sie sind Landflächen, die auf natürliche Art aus dem Meer neu entstehen. Diese Flächen werden regelmäßig mit dem Salzwasser der Nordsee überspült, und es lagern sich Sedimente ab, auf denen dann Pflanzen wachsen können. In dieser eigentlich sehr lebensfeindlichen Umgebung können nur ganz spezielle Pflanzen wachsen, die sich dem hohen Salzgehalt angepasst haben. Die verschiedenen Pflanzen haben dafür unterschiedliche Mechanismen entwickelt, die allerdings viel Energie erfordern. Daher wachsen die typischen Salzwiesenpflanzen nur langsam, und die Vegetationsperiode ist kurz. Wer jetzt mehr wissen will über die Salzwiese, der sollte sich auf den Weg zum Erlebnispfad machen. Der Eintritt ist kostenlos.

Auch die Tierwelt der Küste hat sich an die speziellen Gegebenheiten der Salzwiesen angepasst beziehungsweise profitiert davon. So hat die Salzwiesenlandschaft für viele Küstenvögel eine große Bedeutung. In Neßmersiel können die Vögel der Salzwiesen vom »Kiekkast« aus beobachtet werden.

Adresse Strandstraße, 26553 Neßmersiel | Anfahrt von Dornum aus über Schatthauserstraße bis zur Kreuzung Störtebekerstraße, dort links Richtung Neßmersiel, kurz vor der Ortseinfahrt rechts Richtung Fähranleger, vorher an der rechten Seite | Tipp Wer noch mehr von der ostfriesischen Natur sehen und sich gleichzeitig sportlich betätigen möchte, der kann von der Paddel- und Pedal-Station in Neßmersiel aus mit Kanu- oder Ruderboot die Kanäle unsicher machen.

68 Die Bibelfliesenwand

Ostfriesischer Superlativ im historischen Sielhof

Der Sielhof in Neuharlingersiel ist wohl eins der schönsten Gebäude in ganz Ostfriesland und das Wahrzeichen der Gemeinde im Landkreis Wittmund. Zentral in der Ortsmitte des Nordseeheilbads unweit des Hafens gelegen, ist er von einer großzügigen Parkanlage umgeben. Der zweigeschossige Steinbau mit einem Turm, der den Haupteingang mit Freitreppe bildet, erinnert ein bisschen an ein kleines Schloss. Deshalb wird das historische Gebäude auch Sielhof-Schlösschen genannt.

Siebelt Frerichs Eymen baute den Sielhof 1755, der etwa 1825 in den Besitz der Familie Von Eucken-Addenhausen überging und deren Herrenhaus wurde. Georg von Eucken baute den Sielhof von 1899 bis 1906 zu einem Adelssitz mit besagter Parklandschaft um. Seit 1989 gehört das Gebäude dem Kulturverein Neuharlingersiel, der es noch einmal grundlegend restaurierte.

Der historische Sielhof in Neuharlingersiel besticht nicht nur mit seiner schlossartigen Außenansicht und dem prächtigen Park, sondern hat in seinem Inneren auch einen echten Schatz zu bieten. Wo sich heute der Hauptraum des Restaurants befindet, war früher die bürgerliche Wohnküche der Gutsbesitzer. Hier gibt es eine Fliesenwand, die mit 870 Fliesen die größte geschlossene Einheit von Bibelfliesen in ganz Ostfriesland darstellt. Ein echter Superlativ also, versteckt im historischen Sielhof von Neuharlingersiel.

Die Keramikfliesen, auf denen biblische Szenen aus dem Alten und Neuen Testament dargestellt sind, stammen aus der Mitte des 18. Jahrhunderts und wurden in Westfriesland angefertigt. Die kleinen Kunstwerke zeigen insgesamt 37 verschiedene Darstellungen aus der Bibel. Zur Zeit ihrer Entstehung waren die Bibelfliesen nur für wohlhabende Personen wie Adel, Kaufleute, Kapitäne oder reiche Landwirte erschwinglich. Hier gehörten die Bibelfliesen als Ausdruck der Frömmigkeit der Bewohner zum Inventar in der Küche oder der Wohnstube.

Adresse Café im Sielhof, Bürgermeister-Dirksen-Platz, 26427 Neuharlingersiel, Tel. 04974/9148090 | **Anfahrt** B 210 folgen, Auricher Straße und Großholum-Dorfstraße bis Bürgermeister-Dirksen-Platz in Neuharlingersiel | **Öffnungszeiten** Di–Fr ab 14 Uhr, Sa und So 12–17 Uhr | **Tipp** Die maritime Kapelle des Sielhofs war ursprünglich für interne Familienfeiern konzipiert. Heute wird sie für Hochzeiten, Taufen oder öffentliche Andachten und Gottesdienste zur Verfügung gestellt.

69__Die »Lulu Meinders«

Traditionsschiff im Fenster zum Meer

Das Fenster zum Meer, so nennen die Bewohner Neuharlingersiels ihren Kutterhafen. Er ist das Herzstück des Fischerdorfs in der Samtgemeinde Esens, das mittlerweile ein staatlich anerkanntes Nordseeheilbad ist. Im Hafen Neuharlingersiel liegt noch eine aktive Kutterflotte. Die Krabbenkutter fahren täglich auf die Nordsee hinaus. Zehn Kutter gibt es insgesamt, darunter Holz- und auch Stahlkutter. Sechs von ihnen betreiben noch Krabbenfischerei, die anderen machen Ausflugsfahrten.

Ein Kutter prägt das Bild des idyllischen Hafens ganz besonders: Das Traditionsschiff »Lulu Meinders« ist charakteristisch für die Krabbenfischerei mit Schleppnetzen und einer der ganz wenigen noch im Originalzustand erhaltenen Holzkutter mit einem sogenanntem Spiegelheck. Das 14 Meter lange Boot, 1963 in der Bültjer-Werft in Ditzum gebaut, war ganze 36 Jahre auf der Nordsee im Auftrag der Krabbenfischerei unterwegs. Weil sie aufgrund ihrer Größe nicht mehr wirtschaftlich war, ging die »Lulu Meinders«, damals noch unter dem Namen »Seestern«, 1999 in den verdienten Ruhestand. Nach einem Abstecher in den Museumshafen Leer nennt sich seit 2010 der Kutterhafen Neuharlingersiel Heimathafen des historischen Krabbenkutters.

Den Namen »Lulu Meinders« trägt das Traditionsschiff, um den Schiffbauer Lüke Meinders aus Ditzum zu ehren. Der 2018 verstorbene Ostfriese galt als Fachmann »alter Schule« für den Holzbootsschiffbau. Meinders baute jahrzehntelang ostfriesische Holzkutter auf der Bültjer-Werft in Ditzum und half auch im Ruhestand noch den Fischern bei Reparaturarbeiten an ihren Kuttern.

Wer mal einen Ausflug mit einem traditionellen Krabbenkutter machen möchte, der hat im Kutterhafen Neuharlingersiel die Gelegenheit dazu. Die gemütlichere Variante: Den Fischern auf den einlaufenden Kuttern bei der Arbeit zusehen, vielleicht bei Ostfriesentee und Kuchen?

Adresse 26427 Neuharlingersiel | Anfahrt ab Esens über Neuharlingersieler Straße. Infos unter www.neuharlingersiel.de | Tipp Noch mehr Schiffe gefällig? Direkt am Hafen liegt das 2022 wiedereröffnete Buddelschiffmuseum. Hier kann man über 100 Schiffsmodelle in Flaschen und außerdem Bauskizzen und Schiffsgemälde bestaunen.

70 Das Doornkaat-Areal

Kultbrennerei-Gelände auf dem Weg in die Zukunft

»Schätzelein, trink noch ein'!« Horst Schlämmer, Hape Kerkelings Kult-Kunstfigur, genehmigt sich gern mal einen. Und da ist er anscheinend nicht der Einzige, denn den dreifach gebrannten Korn in der grünen Vierkantflasche gibt es schon seit fast 220 Jahren. Doornkaat – ein Unternehmen, das Wirtschaft und Menschen der Stadt Norden für lange Zeit stark geprägt hat.

Jan ten Doornkaat Koolman aus Groningen gründete 1806 mit Unterstützung des Norder Kaufmanns Cremer das Unternehmen Doornkaat. Trotz großer Konkurrenz erlangte die Firma schnell großen Erfolg, der bis in die 1960er Jahre anhielt. Der legendäre Doornkaat-Mann warb mit dem Slogan »Doornkaat – heiß geliebt und kalt getrunken« für den 38-volumenprozentigen Schnaps aus Kornsaat.

In den 1970er und 1980er Jahren brach der Absatz ein, und Doornkaat erholte sich nicht mehr ausreichend, was letztlich 1991 zum Verkauf an die Firma Berentzen führte. In der Norder Brennerei wird seit 1997 kein Doornkaat mehr hergestellt. Mit der Schließung des Standortes Norden verloren viele Einwohner ihre Arbeitsplätze, der Stadt brachen erhebliche Steuereinnahmen und den Landwirten ein ganzer Absatzmarkt weg. Aber die Familie ten Doornkaat hat in Norden ihre positiven Spuren hinterlassen. Die Unternehmer haben sich gesellschaftlich und sozial stark engagiert, beispeilsweise die Gründung des Heimatvereins und der Freiwilligen Feuerwehr unterstützt. Außerdem gründete Gerhard ten Doornkaat 1988 eine Stiftung, die auch heute noch in Ostfriesland eine große Bedeutung hat.

Die Stadt Norden hat die ehemaligen Gewerbeflächen der Firma Doornkaat gekauft. Sie sollen mit Hilfe von Vorschlägen der Norder Bevölkerung umfassend instand gesetzt und das Areal zu neuem Leben erweckt werden. Bestimmt auch mit dem einen oder anderen gastronomischen Betrieb. Und dann heißt es hier hoffentlich bald wieder »Schätzelein, trink noch ein!«.

Adresse Doornkaatlohne, 26506 Norden | Anfahrt ab Stadtmitte Norden (Neuer Weg) in die Doornkaatlohne | Tipp Die überdimensionale Doornkaat-Flasche am Norder Tor erinnert an die Norder Brennerei-Vergangenheit und ist immer noch ein beliebtes Fotomotiv.

71 Die Drei Schwestern

Niederländische Renaissance in der Norder Altstadt

Beim Begriff »Drei Schwestern« ist wahrscheinlich nicht die Stadt Norden in Ostfriesland die erste Assoziation. Der eine denkt wohl eher an die drei Gipfel einer Bergkette in den westlichen Zentralalpen, dem anderen kommt das Drama des Russen Anton Tschechow über drei Schwestern und ihr vergebliches Streben nach Glück in den Sinn. Aber aufgepasst, auch Ostfrieslands Drei Schwestern sollte man durchaus kennen.

Die Drei Schwestern, auf Plattdeutsch Dree Süsters genannt, sind ein denkmalgeschütztes Gebäudeensemble auf dem Marktplatz der Norder Innenstadt. Der Name ergibt sich aus der großen baulichen Ähnlichkeit der drei giebelständigen Backsteinbauten. Die Häuser entstanden bereits im Mittelalter, das erste um 1570 und die anderen beiden um 1630. Zwar sind keine Informationen über den Erbauer der Drei Schwestern überliefert, aufgrund der Bauweise im Stil der niederländischen Renaissance geht man aber davon aus, dass es holländische Kaufleute waren. Im oberen Zentrum der Giebel ist das Mauerwerk der Häuser 12 und 13 mit jeweils einer Delfter Keramik geschmückt, im Haus Nummer 14 mit einem Teller aus Harlingen in den Niederlanden.

Kaufleute und Handwerker waren dann auch die ersten Bewohner der Drei Schwestern in Norden, die im Laufe der Jahrhunderte von den unterschiedlichsten Berufsgruppen genutzt wurden. So waren Am Markt 12–14 schon eine Schmiede, ein Tischler, ein Klempner, Hutfabrikanten und Buchbinder sowie ein Bäcker, eine Schlachterei und sogar die Polizei in den Räumen der Norder Schwestern heimisch. Heute werden die linke und die mittlere der Schwestern gewerblich genutzt, die rechte beherbergt eine Außenstelle der »Ostfriesen Zeitung«.

Und so ragen sie weiter wie drei Berggipfel hoch über dem Marktplatz der Norder Altstadt und streben mit ihren Bewohnern zusammen nach Glück – die Drei Schwestern aus Norden, de Dree Süsters.

Adresse Am Markt 12, 26506 Norden | **Anfahrt** B 72 bis Bahnhofstraße in Norden, Heringstraße bis Am Markt | **Öffnungszeiten** jederzeit zugänglich | **Tipp** Der große Marktplatz in Norden ist nicht nur wegen der Dree Süsters eine Reise wert. Er ist von historischen Gebäuden umgeben, und sein Baumbestand ist teilweise über 250 Jahre alt.

72 Der Störtebekerdeich

Schutz des jüngsten Dorfes an Ostfrieslands Küste

Ein ganzer Stadtteil verdankt ihm seine Existenz. Mit dem Bau des Störtebekerdeichs wurde der Leybuchtpolder eingedeicht und somit der Nordsee in einem aufwendigen Prozess der Landgewinnung neuer Lebensraum abgerungen.

Deicharbeiter schlossen den etwa fünf Kilometer langen Störtebekerdeich in den Jahren 1947 bis 1950 in mühevoller Arbeit und bekamen dafür eine Siedlerstelle im Leybuchtpolder. So besiedelten zunächst 100 Familien, teils Einheimische und teils Heimatvertriebene aus den früheren Ostgebieten des Deutschen Reichs, das neu erschlossene Land. Die Deicharbeiter, die die Besiedlung des Leybuchtpolders erst möglich gemacht haben, bauten ab 1952 die jüngste Gemeinde an der ostfriesischen Küste auf, die mittlerweile ein Stadtteil der Stadt Norden ist. Damals lebten noch fast alle Einwohner von der Landwirtschaft.

Den Deicharbeitern zu Ehren steht an der Stelle der Deichschließung ein Denkmal auf dem Störtebekerdeich. Die Mauer aus Ziegelsteinen mit der Inschrift »In den Jahren 1947 bis 1950 wurde der Störtebekerdeich gebaut« soll daran erinnern, wie hart die Menschen sich damals das Land von der Nordsee erkämpft haben.

Seinen Namen verdankt der Deich natürlich dem legendären Piraten Klaus Störtebeker. Der soll im 14. Jahrhundert zusammen mit anderen berüchtigten Seefahrern als die »Vitalienbrüder« die Ost- und Nordsee unsicher gemacht haben. Der Legende nach hat Störtebeker in Marienhafe Zuflucht vor der Hanse gesucht und sich im Kirchturm des Ortes, der damals noch direkt an der Leybucht lag, versteckt. Die ostfriesischen Häuptlinge, die selbst nicht gut auf die Kaufleute der Hanse zu sprechen waren, bezahlte er im Gegenzug mit seinen erbeuteten Schätzen. Der Turm der St.-Marien-Kirche, das Wahrzeichen von Marienhafe, trägt den gleichen Namen wie der Deich und erinnert als »Störtebekerturm« an den legendären Besucher aus dem Mittelalter.

Adresse 26506 Norden-Leybuchtpolder | **Anfahrt** aus Richtung Norden über die Westerstraße Richtung Leybucht, bei Paddel und Pedal kann man parken, dort beim Schöpfwerk den Lorenzweg überqueren | **Öffnungszeiten** jederzeit zugänglich | **Tipp** Spazieren Sie doch mal durch das jüngste Dorf an Ostfrieslands Küste. Mittelpunkt des gemütlichen Leybuchtpolder ist der Dorfteich.

73 Die Theelkammer

Treff der ältesten bäuerlichen Gemeinschaft Europas

Eine Kammer im Untergeschoss des Alten Rathauses in Norden. Hier scheint die Zeit stehen geblieben zu sein. Ein Holztisch, darauf Petroleumlampen und Kerzen, urtümliches Schreibwerkzeug in Form von Tintenfass und Feder. Im Hintergrund eine beeindruckende Ehrentafel aus Holz, daneben das Wappen der Verbindung an der Wand über dem Kamin. Die Theelkammer ist seit dem 17. Jahrhundert der Ort der Zusammenkunft der Theelacht. Die Theelacht besteht seit über 1.100 Jahren und ist somit die älteste bäuerliche Gemeinschaft Europas auf genossenschaftsähnlicher Grundlage, wobei »Theel« Teil bedeutet und »Acht« mit Verband oder Genossenschaft übersetzt wird.

Die Entstehung der Theelacht ist mündlich überliefert. Sie soll mit der Normannenschlacht von 884 in der Nähe der Stadt Norden zusammenhängen. Nachdem die Norder über die Normannen aus Skandinavien siegreich waren, wurde ihnen ein großes Gebiet zur gemeinschaftlichen Nutzung zugesprochen. Die Theelachter verpachteten den Landbesitz, der in acht Bezirke eingeteilt ist: Ekeler und Linteler, Neugroder und Gaster, Trimser und Hover, sowie Osthover und Eber Theel.

Die Theelachter vererben ihre Gebiete an eheliche Kinder, wobei Söhne Vorrang haben. Auch heute noch treffen sie sich regelmäßig in der Theelkammer im Alten Rathaus zur Abrechnungsversammlung. Das alte Gebäude bietet hierzu den adäquaten Rahmen. Sein Ursprung geht auf das Ende des 13. Jahrhunderts zurück. Seitdem war es nicht nur Rathaus, Verwaltungssitz und Gerichtsgebäude, sondern wurde auch als Schule, Gewerbegebäude, Wohnhaus und Gefängnis genutzt.

Heute ist das Ostfriesische Teemuseum im Alten Rathaus untergebracht. Neben den Dauerausstellungen rund um die Welt der ostfriesischen Teekultur und der Stadtgeschichte Nordens gibt es wechselnde Sonderausstellungen. Besondere Einblicke in die Geschichte der Theelacht verspricht die Führung durch die Theelkammer.

Adresse Am Markt 36, 26506 Norden | Anfahrt bis Norden auf Parkplatz Am Markt, ab dann zu Fuß | Öffnungszeiten März Di–So 10–17 Uhr, April–Okt. Mo–So 10–17 Uhr, Nov.–Feb. Mi–Sa 11–16 Uhr | Tipp Ein weiteres historisches Gebäude der Stadt Norden ist das Vossenhus (Fuchshaus) in der Straße Am Markt. Hier befindet sich seit 1983 die Stadtbibliothek.

74__Meta's Musikschuppen

Die Kult-Disco an der Waterkant

In Ostfriesland gibt es tatsächlich viel, was mit Fug und Recht als »Kult« bezeichnet werden kann. Wenn aber etwas auf der Liste ganz oben steht, dann ist es Meta's Musikschuppen in Norddeich. Und daran hat sich bis heute nichts geändert. Bevor sich das »Meta's«, übrigens direkt am Deich gelegen, etablierte, gab es an der Stelle das Lokal Haus Waterkant. Dieses war 1960 von Metas Eltern und auf Wunsch von Meta und ihrem Mann Klaus Dieter Rogall eröffnet worden. Offizielle Bezeichnung: Milchbar.

Das schnöde Image als Ausflugslokal reichte der Familie aber bald nicht mehr. Also besorgte sie sich eine Musikbox und baute eine kleine Bühne. Dort spielten zunächst unterschiedliche Combos auf. Im Sommer 1961 übernahm Meta selbst die Konzession, und so startete bald die weit über die Grenzen Ostfrieslands hinaus bekannte »Ära Meta«. Kein Wunder, dass rasch die Rock-'n'-Roll-Welle ins Lokal schwappte und Musiker wie Mike Granowski an Sonntagnachmittagen im Waterkant spielten.

Mitte der 1960er Jahre engagierte Meta auch Bands aus London. Beispielsweise gaben die »Twilights« ihre Visitenkarte im beschaulichen Norddeich ab. Auch die Liverpooler Band »King Size Taylor« trat im Haus Waterkant auf. Zudem gastierten renommierte Unterhaltungskünstler wie Otto Waalkes und Howard Carpendale in Norddeich, außerdem gehörte zu Beginn der 1970er Jahre der Liedermacher und Komponist Hannes Flesner zu den Stammgästen. Eigens für Meta schrieb er den plattdeutschen Song »Bi Meta in Norddiek« – kein Wunder also, dass sich das »Meta's« als eine der angesagtesten Live-Adressen in Nordwestdeutschland etablierte.

Im Sommer 1985 feierte Meta Rogall ihr 25-jähriges Jubiläum. Neun Jahre später starb die norddeutsche Pionierin der internationalen Disco-Szene. Sie wurde 59 Jahre alt. Seit dieser Zeit führt ihr Sohn Sven das Lokal. Übrigens ebenfalls mit beachtlichem Erfolg.

Adresse Deichstraße 10, 26506 Norden-Norddeich | **Anfahrt** ab Norden in Richtung Norddeich auf Norddeicher Straße, links auf Itzendorfer Straße, rechts auf Deichstraße | **Öffnungszeiten** Fr und Sa sowie vor Feiertagen ab 22 Uhr | **Tipp** Wer eine kleine Pause einlegen möchte, der kann mühelos auf den Deich hinaufsteigen und das Nordsee-Panorama am neu gestalteten Badestrand genießen.

75 Norddeich Radio

Weihnachtsgrüße von hoher See

Norddeich Radio. Eine Marke, die man nicht nur in Ostfriesland kennen muss. Nicht nur Seeleute und Nautiker wissen mit dieser Bezeichnung viel anzufangen. »Der Seefunksender war früher eine bedeutende Brücke in die Heimat über Tausende von Seemeilen hinweg«, beschrieb der Deutschlandfunk den Auftrag dieser Einrichtung einmal sehr treffend. Denn über die Frequenzen von Norddeich Radio war jedes Schiff überall auf den Weltmeeren zu erreichen. Das heißt: Für viele Menschen war der Sender die einzige emotionale Verbindung zu den Verwandten und Freunden daheim. Nach dem Errichten der Sendeanlagen in Norddeich, Utlandshörn und Osterloog im Jahr 1907 regelten die Funker von Norddeich Radio fast 100 Jahre lang den Telegramm- und Morseverkehr mit den Schiffen in aller Welt. Am 31. Dezember 1998 wurde die Anlage abgeschaltet.

Doch die Geschichte lebt fort. Insbesondere in den Erinnerungen der Menschen. In erster Linie »Gruß an Bord«, der Weihnachtssendung am Heiligen Abend, verdankt Norddeich Radio seine weltweite Bekanntheit. Die Kultsendung des Norddeutschen Rundfunks gab es erstmals 1953. Und wer das »nacherleben« möchte, der ist heute im Museum von Norddeich Radio in der Norder Osterstraße genau an der richtigen Stelle. Dort erinnert unter anderem eine heimelige Sitzecke mit Weihnachtsbaum, Tisch mit festlicher Tischdecke und Kerze an einen Heiligen Abend, wie er sich früher in vielen Wohnzimmern abgespielt haben mag. Auf dem Sofa stellt eine neben einer Katze sitzende Schaufensterpuppe die einsame Ehefrau nach, die neben dem Radio auf die Grüße ihres auf hoher See fahrenden Mannes wartet.

Das Norder Küstenfunk-Museum steht mitten im Herzen Nordens, das man von einer Lohne aus (gegenüber dem Café ten Cate) erreichen kann. Das alte Gebäude, das früher als Speicher diente, ist inzwischen mehr als 130 Jahre alt und steht unter Denkmalschutz.

Adresse Osterstraße 11a, 26506 Norden-Norddeich | **Anfahrt** in Norden (Stadtmitte) auf die Osterstraße, Zugang durch eine kleine Lohne gegenüber dem Café ten Cate | **Öffnungszeiten** Info-Tel. 04931/9733081 | **Tipp** Nicht weit vom Museum steht, ebenfalls im Herzen der Küstenstadt Norden, die Ludgerikirche. Darin befindet sich unter anderem die weltberühmte Arp-Schnitger-Orgel.

76_Der Walpenis

Beeindruckendes Exponat im Waloseum

Es kommt ja nicht auf die Größe an. Heißt es zumindest. Dennoch muss an der Stelle wohl mal ein anerkennendes Nicken drin sein angesichts dieses imposanten Geschlechtsteils. Im Waloseum in Norden-Osterloog ist das präparierte Skelett eines 15 Meter langen Pottwal-Bullen ausgestellt. Da ist halt alles etwas größer. Die Wirbelsäule, das Herz, und eben auch der Penis. Wie groß er ist? Auf ins Waloseum nach Norden.

Das Waloseum gehört zur etwas bekannteren Seehundstation Nationalpark-Haus in Norden-Norddeich, wo Seehundwaisen aufgenommen und aufgezogen werden. Die kleinen Heuler können hier besucht werden, und es gibt jede Menge Infos rund um die Tiere und ihren Lebensraum, das Wattenmeer. Nur fünf Kilometer östlich der Seehundstation liegt das Waloseum im Ortsteil Osterloog. Da geht's dann hauptsächlich um den Wal. Wie passt sich ein Pottwal an die Unterwasserwelt an? Wie weit schwimmt er in seinem Leben? Das Waloseum ist eine Ausstellung zum Anfassen und Mitmachen, in der der Besucher mit allen Sinnen begreifen soll. Wie wäre es beispielsweise mal mit einem echten Walgesang?

Wer sich lieber etwas mit Vögeln angucken will, für den eignet sich die obere Etage. Die ist der Vogelwelt der Nordseeküste und dem einzigartigen Lebensraum Niedersächsisches Wattenmeer gewidmet. Im Waloseum befindet sich außerdem die Quarantänestation, wo die kleinen Seehunde zunächst beobachtet und tierärztlich versorgt werden, bevor sie zu den anderen Tieren in die Seehundstation ziehen. Übrigens gibt's für Sparfüchse und besonders Wissensdurstige ein Kombiticket »Seehundstation und Waloseum«, wenn man sich direkt für beide Ausstellungen entscheidet.

Der Pottwal-Bulle ist 2003 vor Norderney gestrandet. Seitdem beeindruckt sein präparierter Körper im Waloseum Norden die Besucher nicht nur mit seiner Größe. Auf die es ja nun mal auch nicht ankommt. Oder?

Adresse Osterloogerweg 3, 26506 Norden-Norddeich | **Anfahrt** ab Norden in Richtung Norddeich, am Kreisel rechts in Richtung Ostermarscherstraße, links auf Osterloogerweg | **Öffnungszeiten** Infos unter www.seehundstation-norddeich.de/waloseum | **Tipp** Keinen Wal, aber jede Menge Wasserratten trifft man im Erlebnisbad Ocean Wave in Norddeich. Riesenrutsche, Wellenbecken und Tropisches Dampfbad versprechen Action und Erholung unter einem Dach.

77__Die alten Loren

Ein gutes Stück Norderney lebt weiter

Norderneys jüngere Geschichte prägen viele imposante Dinge. Diese reichen von modernen Küstenschutzprojekten bis hin zum Aufbau einer perfekt funktionierenden touristischen Infrastruktur in Sachen Beherbergung, Gastronomie und Wellness. Der Dachdeckermeister Andres Köhn und einige seiner Mitarbeiter haben in den vergangenen Jahren einen Teil dieser Nachkriegshistorie wieder sichtbar gemacht und damit tatsächlich etwas Außergewöhnliches geschaffen. Sie haben die alten Loren, die früher ein paar Schritte weiter auf dem Hof eines Bauunternehmens viele Jahre untergebracht waren, wieder flottgemacht.

Die aus dem Jahr 1939 stammende Lok mit den fünf Loren, mit deren Hilfe vor vielen Jahren unter anderem Schutzdeiche auf Norderney gebaut wurden, war etliche Jahre nur wenig beachtet. Damit ist jetzt aber Schluss. Denn Köhn war von der Idee, die guten alten Stücke wieder ans öffentliche Tageslicht zu bringen, so begeistert, dass er irgendwann tatsächlich Hand anlegte. Denn: Immerhin sind Lok und Loren und der damit verbundene Schienenverkehr ein gutes Stück Norderney, das war seine Motivation.

Also nahm der Norderneyer Dachdeckermeister den ausgedienten und arg in die Jahre gekommenen Lorenzug kurzerhand zu sich und »möbelte« ihn mit viel Enthusiasmus und noch mehr Inselliebe auf. Der Aufwand indes war nicht ohne: Zum Sandstrahlen ließ er sie extra übers niedersächsische Wattenmeer aufs Festland schippern. Allein das war eine beachtliche Aktion, wenn man weiß, dass schon die Lok rund viereinhalb Tonnen wiegt.

Inzwischen bilden die geschichtsträchtigen Gefährte wieder ein ansehnliches Ensemble. Denn Andy Köhn und seine Mitarbeiter haben eigens dafür auf dem Betriebshof der Firma im Gewerbegelände ein Gestell geschaffen, auf dem es nun »thront« und für alle Norderneyer und Gäste weithin einen ebenso außergewöhnlichen wie gepflegten Eindruck bietet.

Adresse Gewerbegelände 23, 26548 Norderney | **ÖPNV** ab Hafen oder einer anderen Haltestelle mit dem Inselbus, Haltestelle Birkenweg | **Öffnungszeiten** die Lorenbahn ist von der Straße aus praktisch immer zu sehen | **Tipp** Wer auf Norderney auch einmal inseluntypisch entspannen möchte, für den lohnt sich ein kleiner Fußmarsch von hier aus zum Ruppertsburger Wäldchen. Die Wahrscheinlichkeit, dass sich dort ein Reh blicken lässt, ist durchaus gegeben.

78 Die »Meer Waffel«

Süße und deftige Köstlichkeiten auf Norderney

Was aus einem Zufall nicht alles werden kann. Dominique Kettler genießt dieses Phänomen in vollen Zügen. Als die 30-Jährige nach der zweiten Lockdown-Phase im Frühjahr 2021 durch die Norderneyer Poststraße lief und im Haus Nummer 6 einen leeren Laden sah, konnte sie nämlich noch nicht ahnen, dass sie hier schon bald ein festes wirtschaftliches Fundament legen würde. »Ich bin hier vorbeigelaufen und dachte: ›Das sieht aber schön aus«, erinnert sich die gebürtige Bremerin und lächelt. Dazu hat sie auch allen Grund, denn aus dieser flotten Idee ist längst eine große Erfolgsgeschichte geworden: die »Meer Waffel«, ein außerordentlich gemütlicher Waffelladen im Herzen der Stadt Norderney.

Bei Dominique Kettler wird grundsätzlich alles selbst gemacht. Alle Teige, jedes Kompott und alle Grützen stammen aus der Küche der leidenschaftlichen Gastronomin. Und natürlich kommen die Zutaten für die Köstlichkeiten den Jahreszeiten entsprechend von Anbietern aus der Region. Die Kundinnen und Kunden, die ihre Waffeln mit frischen Erdbeeren oder heißen Kirschen mit Sahne auf den zehn Sitzplätzen des kleinen Lokals genießen, sind voll des Lobes. Sicher merken sie, dass die Waffeln nicht nur mit ganz viel Liebe, sondern auch mit echter Vanille zubereitet sind. Zudem freuen sich die Gäste nicht nur über die süßen Leckereien, sondern auch über die eine oder andere herzhafte Variante, wie zum Beispiel die von der jungen Chefin selbst kreierten Kartoffelwaffeln oder über Crêpes. Außerdem: Das Softeis aus der »Meer Waffel« genießt zumindest im engeren Umfeld der Poststraße bereits einen ausgezeichneten Ruf.

Dominique Kettler freut sich also über nichts mehr als über ihren neuen Lebensmittelpunkt: die »Meer Waffel«. Und der macht nicht nur sie selbst, sondern ganz offensichtlich auch ihre vielen Kundinnen und Kunden auf Norderney sehr glücklich. Was will mensch mehr?

Adresse Poststraße 6, 26548 Norderney | ÖPNV ab Hafen Bus 1, Haltestelle Milchbar, durch die Friedrichstraße, rechts in die Poststraße | Öffnungszeiten Mo–So 11–17 Uhr, in der Hauptsaison bis 20 Uhr | Tipp Einmal um die Ecke in die Friedrichstraße hineingehen, 200 Metern weiter befindet sich das »Klamottendenkmal«, ein sehenswerter Obelisk.

79 Die »Otto Schülke«

Ein Konzept für die Erinnerung

Geschichte zum Anfassen auf Norderney. Der frühere Rettungskreuzer der Deutschen Gesellschaft zur Rettung Schiffbrüchiger (DGzRS), »Otto Schülke«, und seine Besatzungsmitglieder blicken auf eine interessante Geschichte zurück: Die Taufe des Schiffs ging im Juni 1969 über die Bühne. Keine Geringere als die Gattin des damaligen Bundespräsidenten, Wilhelmine Lübke, nahm sie vor. Danach erfolgte die Überführung nach Norderney, wo der Rettungskreuzer bis zu seiner Außerdienststellung im Jahr 1997 ununterbrochen stationiert war. Während dieser Zeit haben die Crews unzählige Menschen aus Seenot gerettet. Auch zahlreiche Wattwanderer wurden von der Besatzung des Rettungskreuzers aus gefährlichen Situationen befreit.

Im April 1997 wurde die »Schülke«, wie sie auf der Insel kurz und knapp genannt wird, ausgemustert und durch die größere »Bernhard Gruben« ersetzt. Danach wurde das Boot zunächst an den Rettungsdienst nach Island verkauft. Von dort ging es 2001 weiter nach Norwegen, wo das Schiff erneut zum Verkauf angeboten wurde. Damit schlug die große Stunde ehemaliger Besatzungsmitglieder und Freunde auf Norderney. Sie gründeten kurzerhand den »Museumsverein Otto Schülke«, kauften das Schiff und machten sich ans Werk. Für sie galt es fortan, das Boot wieder flottzumachen, damit es blitzeblank zurück in die Heimat kommen konnte. So war es von diesem Tag an für Vereinschef Björn Borschein und seine Kumpels immer ein Traum, wenn es ihnen gelänge, den Kreuzer auf seiner letzten Fahrt aus eigener Kraft in den Heimathafen Norderney einfahren zu lassen. Genau dieser Traum ging im Sommer 2021 in Erfüllung!

Nun gilt es, auf der Insel ein ebenso flottes wie ausgeklügeltes Museumskonzept in die Tat umzusetzen. Verschiedene Punkte sollen dargestellt werden: beispielsweise die Geschichte und die Motive der Seenotrettung sowie die Beschreibung der Technik.

Adresse Hafen, 26548 Norderney | **Anfahrt** ab Hafen zu Fuß oder mit dem Fahrrad 300 Meter zur DGzRS, in Sichtweite des Fähranlegers. Kontakt: info@otto-schuelke.de | **Tipp** Ebenfalls in unmittelbarer Nähe des Fähranlegers befindet sich das »Watt Welten«. Das Nationalparkhaus ist gespickt mit Informationen über das niedersächsische Wattenmeer und seine Kostbarkeiten.

80__Segway-Polo

Balance mal ganz anders

Sie sind sportlich unterwegs und möchten einmal etwas ganz Besonderes erleben? Dann auf in den Inselosten von Norderney! Dort wartet mit der Möglichkeit, sich einmal im Segway-Polo auszuprobieren, ein in der Tat äußerst abgefahrenes Erlebnis auf die Besucher. Michael Glabisch, selbst erfahrener Segway-Fahrer, und seine Frau Jana machen es möglich.

Das erste offizielle Segway-Polo-Spiel startete übrigens Anfang der 2000er Jahre in den USA. Es handelte sich zunächst um ein Zwei-gegen-zwei-Spiel. Die Idee dazu war Jonathan van Clute in der Halbzeit eines American-Football-Spiels gekommen. Dort schlug er vor, einmal ein Polospiel gegeneinander zu veranstalten. Ein Mitglied der Bay Area SEG testete daraufhin das Polospielen per Segway und stellte fest: Es funktioniert. 2004 kam es in den Vereinigten Staaten daraufhin zum ersten offiziellen Segway-Polo-Spiel. Rasch etablierte sich die Sportart, sodass sich Teams in Neuseeland, den Vereinigten Arabischen Emiraten, Frankreich, der Schweiz und in Deutschland gründeten. So auch auf der Insel Norderney. Dort leiten nun Michael Glabisch und seine Polo-Kollegen Interessenten an und weisen sie in die Grundlagen ein. Anschließend werden erste kleine Spiele gespielt – bei größeren Gruppen ist sogar ein Turnier möglich.

2020 platzte für Michael Glabisch allerdings ein Traum: Er war für die Segway-Polo-Weltmeisterschaft im sauerländischen Balve angemeldet. Aber Corona machte einen Strich durch die Rechnung. Eigentlich hätten er und sein Norderneyer Team gern den Titel mitgebracht, so, wie es 2011 in Los Angeles war, als er als Team-Kapitän der Blade Pirates Solingen im Finale stand.

Sein Faible für Segway-Polo hat den 54-jährigen Glabisch 2016 auf Norderney stranden lassen. Dort ist er mit seinem Angebot (auch »normale« Segway-Touren sind möglich) längst eine feste Größe für touristische Erlebnisse der Extraklasse.

Adresse Am Golfplatz 1, 26548 Norderney | **ÖPNV** ab Hafen Bus 4, Haltestelle Golfplatz. Info Tel. 0172/2066005, zwei Stunden Segway-Polo kosten 50 Euro | **Tipp** Vom Segway-Polo-Platz ist es nicht weit bis zum Leuchtturm. Ein ausgiebiger Spaziergang dorthin ist lohnenswert.

81__Die Weststrandbar

Die vielleicht coolste Bretterbude Deutschlands

Es braucht ja manchmal nicht viel zum Glück. Im Fall der Weststrandbar auf Norderney reichten eine Bretterbude und eine Zapfanlage. Die Bar – logischerweise am Norderneyer Westrand gelegen – ist im Stil eines Carports größtenteils aus Holz gebaut und schlicht mit Holzbänken und -tischen ausgestattet. Dazu der spektakuläre Norderneyer Sonnenuntergang direkt an der Brandung und ein kühles Bier in der Hand. Ist das nicht fast schon die Definition von Glück?

In der Weststrandbar gibt's original Norderneyer Bier. Das brauen die Insulaner seit 2012 selbst. Und zwar mittlerweile wegen der rasant steigenden Absatzzahlen in einer eigenen Brauhalle im Gewerbegebiet und mit einer computergesteuerten Brauanlage und modernster Technik. Hier sitzt also niemand auf dem Trockenen, wenn ein Sturm die Insel von der Außenwelt abschneidet. Die Hauptgaststätte ist das Norderneyer Brauhaus am Damenpfad, ein gemütliches Lokal mit rustikalem Ambiente, die Weststrandbar ist quasi eine Außenstelle mit Meerblick. Die Insel-Brauerei produziert hauptsächlich zwei Stammsorten: das feinherbe, naturtrübe Norderneyer Pils und das dunkle Norderneyer Weizen. Dazu kommen saisonale Spezialitäten, wie Weihnachtsbier oder Maibock, die auch in weiteren Norderneyer Gastronomiebetrieben angeboten werden.

Für alle, die keine Fans des kühlen Gerstensafts sind, bietet das Team der Weststrandbar natürlich auch andere leckere Getränke mit und ohne Alkohol und kleine Snacks wie Burger und Pommes an. Die Weststrandbar ist trotz – oder gerade wegen – ihres schlichten Ambientes und der lockeren und ungezwungenen Atmosphäre eine verdammt coole Location. So lenkt auch kein Schnickschnack von der spektakulären Aussicht auf den Strand und die Nordsee ab. Wer in Ostfriesland war und hier nicht mindestens einen Sonnenuntergang mit Getränk in der Hand gesehen hat, der hat echt was verpasst.

Adresse Westbadestrand, 26548 Norderney | **ÖPNV** ab Hafen Bus 1, Haltestelle Weststrandstraße, dann zu Fuß über die Strandpromenade | **Öffnungszeiten** in der Saison – von etwa Ostern bis Ende Okt. – täglich ab 12 Uhr geöffnet (außer bei total fiesem Dauerregen und ganz gemeinem Wind) | **Tipp** Der Weststrand an sich ist einen Besuch wert. Er ist mit seinem Piratenspielplatz und den vielen gastronomischen Angeboten besonders bei Familien mit Kindern beliebt und von der Stadt aus am schnellsten zu erreichen.

82 Der Wettermann von Osteel

Treffsicherheit von bis zu 90 Prozent

26.000 Follower bei Facebook, hohe Beachtung bei YouTube und Instagram sowie bis 250.000 Aufrufe für ein einziges Video. Tendenz: steigend. Steffen Lüpkes hat die Lage im Griff. Der 25-jährige Informatik-Student aus Osteel bei Norden zeichnet bereits seit zehn Jahren alle Wetterdaten für die ostfriesische Halbinsel minutiös auf, seit 2013 ist er mit seinen ebenso seriösen wie präzisen Prognosen zudem in den sozialen Netzwerken unterwegs. Außerdem fertigt er jeden Sonntag ein Video. Und wenn es dann mal so richtig dicke kommt, wie zum Beispiel bei einer schweren Sturmflut, dann schnappt er sich seine Ausrüstung samt Kamera und Mikrofon, um beispielsweise direkt von der Norddeicher Hafenmole aus live zu berichten – nasse Füße inbegriffen.

Für die tägliche Statistik sammelt der Experte alle Daten über eine hochmoderne Wetterstation im Flur seiner Wohnung auf, an seinem Computer beobachtet er zudem die meteorologischen Entwicklungen, zieht daraus die entsprechenden Schlüsse und trifft dann die Prognosen für Ostfriesland. In den Kommentarleisten erhält Lüpkes täglich 20 bis 30 Rückmeldungen, zudem zahlreiche E-Mails. »Oft sagen die Leute: ›Danke, es hat gepasst‹«, bemerkt der Osteeler Wettermann nicht ohne Stolz.

Bereits mit sechs Jahren interessierte sich Steffen Lüpkes für das Wetter und beobachtete die Lage Tag für Tag am Thermometer. »Bei Gewitter habe ich immer am Fenster gestanden und geschaut, was passiert. Vielleicht ist mir das Interesse einfach angeboren«, sagt er. Die Treffsicherheit seiner Prognosen liegt nach eigener Aussage bei circa 90 Prozent, wobei er bescheiden einräumt: »Es beschränkt sich ja auch nur auf einen regionalen Raum.«

Und trotzdem hat der ostfriesische Wettermann einen Traum. Ein bisschen plögern wäre nicht schlecht. Für den NDR oder einen anderen Sender das Wetter vorauszusagen, das wäre schon ziemlich toll …

Adresse 26529 Osteel, Kontakt nach vorheriger Absprache unter steffen@ostfriesland-wetter.de | Tipp In der nur wenige Kilometer entfernten Stadt Norden ist der Besuch der Hafenmole ein schönes Ziel. Dort kann man im Café direkt an der Mole die An- und Abfahrten der Fähren beobachten.

83 De Roo Paal

Längenmaß, Grenzmarkierung, Denkmal

In Blickrichtung der Deich, so weit das Auge reicht. Darauf unzählige Deichschafe, die auf der saftig grünen Wiese grasen. Links das Wattenmeer mit freiem Blick bis zu den Inseln, rechts des Deiches scheinbar unendliche Weiden, Äcker und Rapsfelder. Wer vor dem Roo Paal steht, dem bietet sich dieser weite, typisch ostfriesische Blick.

Der Roo Paal steht genau an der Grenze des Lintelermarscher und des Ostermarscher Deiches. Lintelermarsch ist ein Teilgebiet des Norder Stadtteils Norddeich, und Ostermarsch ein eigener Ortsteil der Stadt. Bereits 1576 wurde der Neue Deich gebaut, der eine zehn Kilometer breite Lücke schloss und somit die Landgewinnung an diesem Küstenabschnitt möglich machte. Der Roo Paal diente seinerzeit als Grenzmarkierung und zeigte an, welche Abschnitte den beiden alten Deichachten zugeordnet und für welche Bereiche die jeweiligen Grundstücksbesitzer zuständig waren. Diese kümmerten sich um die Instandhaltung und Wartung des jeweiligen Deichabschnitts.

Auch wenn es zunächst so klingt und farblich passen würde, bedeutet der Name Roo Paal nicht roter Pfahl. Roo bezieht sich auf das Wort Rute (früher Ruthe), eine alte Längenmaßeinheit, die je nach Region oder auch Berufszweig unterschiedlich lang war. Die Inschrift auf dem Roo Paal verrät, dass bei der Deichabgrenzung und -vermessung zwischen Ostermarsch und Lintelermarsch Rheinländische Ruthen verwendet wurden.

Der heute so idyllische Deichabschnitt rund um den Roo Paal hat eine stürmische Vergangenheit. Im Laufe der letzten Jahrhunderte zerbrachen mehrere große Sturmfluten die Deichlinie. Die Weihnachtsflut 1717 forderte in Ostfriesland mehr als 3.000 Todesopfer, Hunderttausende Tiere ertranken, ganze Dörfer wurden zerstört. Bei der Februarflut 1825 kamen vergleichsweise wenige Menschen ums Leben, aber es gab auch hier wieder einen Deichdurchbruch und hohe Sachschäden.

Adresse Westerlooger Strohweg 8, 26506 Norden | **Anfahrt** ab Norddeich rechts auf Looger Weg, links auf Westerloog bis Parkplatz, dann rechts zu Fuß weiter | **Öffnungszeiten** jederzeit zugänglich | **Tipp** Wer im schönen Norddeich ein paar Tage bleiben möchte, der kann stilvoll und gemütlich im familiengeführten Hotel »Strandhuus« wohnen. Das Hotel mit Frühstücksbuffet liegt nur 200 Meter vom Meer entfernt.

84 Das Nordstern-Haus

Fotomotiv mit tierischer Vergangenheit

»In aller Welt ist schon bekannt, der ›Nordstern-Zoo‹ in Oster-Upgant; mit Hagenbeck und Circus Renz, steht er bereits in Konkurrenz, weil er bestrebt in allen Fällen, nur erstklassig sich vorzustellen!«. Die ersten Zeilen des Gedichts von Johann Heinrich Evers über seinen »Nordstern-Zoo« lassen schon erahnen, mit welcher Leidenschaft er seinem Hobby nachging. Evers, 1888 in Osterupgant in der Gemeinde Upgant-Schott geboren, machte Anfang der 1930er Jahre aus der Schankwirtschaft der Eltern den Gasthof »Nordstern«.

Seine Vorliebe für (seltene) Tiere brachte ihn dazu, in dem Gebäude einen kleinen Zoo einzurichten. Es ist von Füchsen, Rehen, Meerschweinchen und Eulen und sogar von Affen und Kamelen die Rede, die in Osterupgant gelebt haben sollen. Man erzählt sich, dass 1929 ein afrikanischer Schakal eine Sensation in der kleinen ostfriesischen Gemeinde war.

Das Gebäude an der Kirchstraße ist eines der originellsten Gebäude im Brookmerland. Die markante, auffällig verzierte Fassade ist der Grund, warum immer wieder Touristen an der Kreisstraße halten, um ein Foto zu machen. Johann Heinrich Evers selbst entwarf die Außenfassade, und er half auch beim Bau und der Gestaltung mit. Jahrelang nagte der Zahn der Zeit am »Nordstern-Zoo-Gebäude«, bis der neue Besitzer des Hauses mit der Restaurierung begann. In aufwendiger Kleinarbeit wurden die Bildelemente, unter anderem ein Löwe und ein Affe, und der Schriftzug »Störtebeker-Nordstern-Zoo« am Giebel aufgearbeitet.

»Drum: Willst Du frei von Sorgen sein, kehr in den ›Nordstern-Gärten‹ ein! Die Unterhaltung ist stets froh, beim ›Störtebeker‹ im ›Nordstern-Zoo‹!«, so endet das Gedicht vom Zoo-Gründer Evers. Zwar gibt es in Osterupgant heute keine wilden Tiere mehr, aber immerhin die spannenden Geschichten über den außergewöhnlichen Ort und seit der restaurierten Fassade ein echt besonderes Fotomotiv.

Adresse Kirchstraße, 26529 Upgant-Schott | **Anfahrt** von der B 210 Höhe Marienhafe abbiegen in Richtung Rechtsupweg, im Kreisel rechts in die Kirchstraße einbiegen, am Combi-Markt vorbei Richtung Moordorf, nach wenigen Metern auf der rechten Seite | **Öffnungszeiten** von außen jederzeit zu besichtigen | **Tipp** Im benachbarten Engerhafe wartet mit dem Gulfhof Ihnen ein weiteres interessantes Gebäude. Der Gulfhof aus dem 16. Jahrhundert ist heute Begegnungsstätte und beliebter Veranstaltungsort.

85__Birgits Tiergarten

Affe, Esel, Schaf und Co. zum Anfassen

Mit zwei Ponys, zwei Eseln, ein paar Schafen und Gänsen, einem Lama und einem Affenpärchen fing alles an. Als Birgit Philipps den Tierpark in Rechtsupweg 2016 übernahm, erwarteten sie eine überschaubare Tiergruppe und jede Menge Arbeit. Der Zoo war ganz schön in die Jahre gekommen, die Zäune wurden teilweise nur noch von Kabelbindern zusammengehalten. Aber Birgit Philipps und ihr kleines Team waren fest entschlossen, den Tierpark vor dem Aus zu bewahren. Sie renovierten die Gehege und bauten neue, sorgten für tierische Neuzugänge, bildeten Herden und brachten den Zoo wieder in Schuss.

Mittlerweile gibt es in Birgits Tiergarten auf 28.000 Quadratmetern mehr als 400 Tiere. Der Tierpark zählt jährlich etwa 60.000 Besucher, wobei sich Einheimische und Touristen laut der Zoo-Besitzerin in etwa die Waage halten.

Die Arbeit schafft Birgit Philipps längst nicht mehr allein, sie wird von Tierpflegern, Landschaftsgärtnern und Servicepersonal unterstützt. Neben verschiedenen Haustierrassen wie Schafen, Schweinen und Ponys leben nun auch exotischere Tiere wie Emus, Kängurus, Stachelschweine und Streifenhörnchen in Rechtsupweg. Das Affenpärchen ist immer noch da. Zu ihm hat Birgit Philipps einen besonderen Draht. »Die Affen sind uns Menschen sehr ähnlich. Außerdem wohnen sie in der Nähe der Kasse, sodass ich viel Kontakt zu ihnen habe«, erzählt sie. Eines ihrer Lieblingstiere und der Favorit aller sei außerdem der Esel Emil.

Birgits Tiergarten ist ein klassischer Streichelzoo. 90 Prozent der Tiere dürfen angefasst werden. Es gibt eine Streichelwiese, und teilweise bewegen die Tiere sich völlig frei auf dem Gelände. »Auch die Kleinsten sollen die Möglichkeit haben, ein Tier zu ertasten«, ist Birgit Philipps Devise. Eine Ausnahme bilden in Rechtsupweg die Shetlandponys, die einfach zu frech sind. Die Lamas hingegen sind handzahm, und auch die Emus fressen den Besuchern aus der Hand.

Adresse Tannenstraße 18, 26529 Rechtsupweg, Tel. 04934/1345, www.birgits-tiergarten.de | **Anfahrt** B 72 bis Marienhafe, über Kirchstraße/Hauptstraße nach Rechtsupweg, links in Tannenstraße | **Öffnungszeiten** März–Okt. täglich 10–18 Uhr. | **Tipp** Besuchen Sie das Moormuseum im nur wenige Kilometer entfernten Moordorf. Dort wird die Geschichte einer alten Moorkolonie detailreich dargestellt.

86__Hof Straußenei

Über Namibia nach Rechtsupweg

»Lass uns doch etwas mit Straußen machen. Die gibt es in Ostfriesland noch nicht. Die legen Eier, und das Fleisch ist auch lecker« – mit dieser Idee fing alles an. Henry und Ines Wegener wollten und mussten sich, wegen gesundheitlicher Probleme, beruflich verändern. Mit Tieren zu arbeiten und so gut es geht Selbstversorger zu sein war schon länger der Traum des Paares, das zuvor einige Zeit in Namibia gelebt hatte. Dort hatten die beiden eine Jagd- und Gästefarm verwaltet und das naturverbundene Leben schätzen gelernt. In dieser Zeit entwickelte sich auch ihre Begeisterung für Straußen. Zurück in Deutschland suchten sie nach einem passenden Grundstück für ihren Straußen-Hof und wurden schließlich in Rechtsupweg in der Samtgemeinde Brookmerland fündig.

Seit 2017 führen sie nun den »Hof Straußenei«, halten neben den 23 Laufvögeln außerdem Kühe, Schweine, Hühner und Gänse. Aus dem ersten Hahn Clemens und seinen zwei Hennen Hermine und Luna ist mittlerweile eine kleine Herde geworden. Ein erwachsener Strauß legt durchschnittlich alle drei Tage ein Ei. Dieses wiegt bis zu zwei Kilogramm und entspricht etwa 30 Hühnereiern. Der Strauß ist übrigens mit seiner Körperhöhe von bis zu 2,80 Metern, seinen kräftigen Beinen und seinen äußerst scharfen Krallen im Umgang nicht ganz ungefährlich.

Der Straußenzüchter Henry Wegener, übrigens ehemals Spediteur von Beruf, und seine Frau leben zum großen Teil von dem, was der eigene Garten und ihre Tiere hergeben. So produzieren sie Fleisch- und Wurst, essen und verarbeiten die Hühner- und Straußeneier, stellen selbst Butter und Marmelade her und backen ihr eigenes Brot. Die beiden verkaufen die Produkte, die sie aus Eiern, Fleisch und Fett der Straußen herstellen, im eigenen Hofladen und auf Wochenmärkten. Besonders beliebt ist der Straußeneierlikör, den die Wegeners mittlerweile in zehn verschiedenen Geschmackrichtungen anbieten.

Adresse Kienholzstraße 68, 26529 Rechtsupweg | Anfahrt über B 72 Marienhafe, dann rechts auf Kirchstraße, links in Leezdorferstraße, rechts auf Kienholzstraße | Tipp Nach den exotischen Tieren noch ein bisschen Geschichte gefällig? In der Nachbargemeinde Upgant-Schott steht die hochmittelalterliche Burg »Ulferts Börg«. Sie gehört zu den ältesten Steinhäusern Ostfrieslands.

87 Die Kokermühle

Eine der letzten ihrer Art

Die Kokermühle in Riepe-Leegmoor gehört zu den technischen Kulturdenkmalen Deutschlands. Sie ist nicht nur eine der letzten verbliebenen Mühlen ihrer Art in Nordwestdeutschland, sondern spielte in der Vergangenheit eine wichtige Rolle für das Landschaftsbild ihrer Region.

Ostfriesland war immer und ist nach wie vor vom Wasser geprägt. Nicht nur an den Küsten kämpfen die Bewohner seit Jahrhunderten mit Deichen und anderen Küstenschutzmaßnahmen gegen die Nordsee und um jeden Zentimeter Land. Das Landesinnere, das teilweise unter dem Meeresspiegel liegt, zeichnet sich durch Marschland (auch Schwemmland), Nieder- und Hochmoore aus. Große Gebiete Ostfrieslands mussten in der Vergangenheit erst einmal trockengelegt werden, um sie nutzen zu können. Das geschah durch den Bau von Kanälen, sogenannten Tiefs und Schlooten.

Die Landschaft in und um Riepe war von jeher stark durch Wasser beeinflusst. Teilweise liefen Verkehr und Transport über Jollen, weil viele Flächen während der Winterzeit komplett unter Wasser standen. Wasserschöpfmühlen wie die Kokermühle in Riepe, die zu ihrer aktiven Zeit für die Entwässerung von etwa 60 Hektar Land zuständig war, trugen ihren Teil zur Urbarmachung Ostfrieslands bei. Die historische Mühle stammt aus dem 18. Jahrhundert, ist also schon über 300 Jahre alt. 1906 wurde sie vom damaligen Besitzer renoviert und auf einen Sockel gestellt, 1984 gab es noch mal umfassende Restaurierungsarbeiten. Die Kokermühle ist heute Museumsmühle und nicht mehr funktionsfähig, obwohl ihre Mühlentechnik noch vorhanden ist.

Kokermühlen werden auch Köcherwindmühlen, Wippmühlen oder wegen ihrer »schlanken Taille« Holländische Jungfern genannt und haben sich in den Niederlanden aus der Bockwindmühle entwickelt. Sie dienten als Korn-, aber meistens als Wasserschöpfmühlen, und die in Deutschland gebauten Exemplare waren meist sehr klein.

Adresse Leegmoorweg 6, 26632 Riepe | **Anfahrt** von der A 31 kommend in Richtung Riepe über die Friesenstraße, dann rechts auf den Leegmoorweg (ab dort beschildert) | **Öffnungszeiten** jederzeit von außen zu besichtigen | **Tipp** Quasi um die Ecke liegt das Schlickmuseum in der Friesenstraße. Hier ist die Geschichte der Schlickgewinnung und Verwendung in Ostfriesland dokumentiert.

88 Die Riepster Teebüs

Kirche mit stürmischer Vergangenheit

Die Flutmarke am Glockenturm ist noch heute, nach mehr als 300 Jahren, Zeuge der Katastrophe. Die verheerende Sturmflut vom 24. auf den 25. Dezember 1717, auch Weihnachtsflut genannt, hatte unzählige Deichbrüche und extreme Überschwemmungen an der gesamten Nordseeküste von den Niederlanden bis nach Dänemark zur Folge. An der deutschen Küste starben durch die von einem Nordweststurm ausgelöste Sturmflut mehr als 9.000 Menschen. Es kam zu großen Viehverlusten, weil Tausende Pferde, Rinder, Schafe und Schweine in den Fluten ertranken. In Ostfriesland wurden fast 1.000 Häuser komplett zerstört und 1.800 stark beschädigt. Im Emden gab es einen Höchstwasserstand von vier Metern über dem damaligen Tidehochwasser, und auch bis ins Landesinnere drangen die Fluten vor. So eben auch bis nach Riepe, übrigens eine der ältesten Ortschaften Ostfrieslands, in der Gemeinde Ihlow im Landkreis Aurich.

Aber welche besondere Bedeutung hatte nun die Weihnachtsflut von 1717 für die Riepster Kirche? Wie die meisten anderen Gebäude wurden auch die Kirche und der frei stehende Glockenturm durch die Fluten schwer beschädigt. Im Zuge der 1730 durchgeführten Reparaturarbeiten bekam der Turm eine neue Haube, und zwar keinen typischen und üblicherweise weitverbreiteten Spitzhelm, sondern eine geschweifte Barockhaube. Diese stilistisch eher untypische Dachform brachte dem Turm im Volksmund den Spitznamen »Teebüs«, plattdeutsch für Teebüchse oder Teedose, ein.

Die heutige Riepster Kirche ist ein Bau von 1554 im Stil einer spätgotischen Saalkirche aus Backstein. Es soll mindestens zwei Vorgänger an der gleichen Stelle gegeben haben. Bereits im 12. Jahrhundert stand hier vermutlich schon eine erste Holzkirche. Aus dieser Zeit stammen auch die ältesten Ausstattungsgegenstände der evangelisch-lutherischen Kirche, zwei trapezförmige Grabsteine vom Friedhof der Holzkirche.

Adresse Friesenstraße 165, 26632 Ihlow | **Anfahrt** von Aurich kommend zunächst Richtung A 31, vorher im Ortskern von Riepe an der Friesenstraße links | **Tipp** Von der Teebüchse zur Teestube: Zehn Minuten von der Kirche entfernt liegt das »Grootsche Huus«, ein original Fehnhaus aus dem 18. Jahrhundert. Hier werden selbst gebackener Kuchen und Ostfriesentee serviert.

89__Die Bargen

Dorfmittelpunkt bis zur Katastrophe

Sie sind das Wahrzeichen von Simonswolde, einem Ortsteil der Gemeinde Ihlow im Landkreis Aurich. Die Bargen, das ist Plattdeutsch und bedeutet Berge, wirken auf den ersten Blick ziemlich unspektakulär. Die Anhöhen auf einem Feld zwischen der Autobahn 31 und der Bargestraße lassen zunächst nicht darauf schließen, dass es sich um eine archäologische Besonderheit und einen Ort von großer historischer Bedeutung handelt. Denn unter den Bargen befinden sich Reste der ehemaligen Siedlung aus dem Mittelalter. Darauf wurden zwischen dem 9. und 13. Jahrhundert die Bargen aufgeworfen und eine Kirche errichtet.

Die heute unter Denkmalschutz stehenden, etwa fünf Meter hohen Hügel markierten ursprünglich den Mittelpunkt von Simonswolde, das seinerzeit noch Sunedeswalde hieß. Bis es in der Nacht vom 13. auf den 14. Dezember 1287 zur Katastrophe kam. Kurz nach Mitternacht brach die Luciaflut über die Nordseeküste herein und brachte Zerstörung und Tod. Aufzeichnungen zufolge starben 50.000 Menschen und unzählige Tiere, ganze Dörfer wurden komplett überflutet und zerstört. Die Luciaflut gilt bis heute als eine der verheerendsten Sturmfluten, die jemals die Nordseeküste heimgesucht hat.

In Simonswolde stand das Wasser über anderthalb Meter hoch, Häuser und Äcker waren völlig zerstört. Nach der Sturmflut verlegten die Simonswolder ihr Dorf von den Bargen nach Nordosten.

Während des Zweiten Weltkriegs nutzte die deutsche Wehrmacht die Bargen von Simonswolde, indem sie von dort aus mit Suchscheinwerfern und Flakgeschützen die feindlichen Flugzeuge daran hinderte, die Seehafenstadt Emden zu bombardieren. Heute steht auf dem Spitzbargen, wo wohl die Kirche gestanden hat, zur Erinnerung an den ehemaligen Dorfmittelpunkt und dessen Zerstörung durch die Luciaflut eine Buche. Kinder nutzen die Anhöhe zu Ostern für das Eierwerfen, einen beliebten ostfriesischen Brauch.

Adresse Bargestraße, 26632 Simonswolde | **Anfahrt** von Aurich kommend über Oldersumer Straße bis Simonswolde, links abbiegen in Bargestraße, auf der linken Straßenseite | **Öffnungszeiten** jederzeit zugänglich | **Tipp** Auf dem Gelände des ehemaligen Schwimmbads haben die Simonswolder mit dem Sand+Water Werk einen Naturerlebnisraum und einen Abenteuerspielplatz rund um das Thema Wasser erschaffen.

90 Der Drinkeldodenkarkhof

Zur Erinnerung an die Opfer der »Johanne«

»Furchtbar war die Gewalt der Wogen, und was von den Passagieren sich in der Hoffnung leichterer Rettung an Deck geflüchtet hatte, wurde durch sie weggewaschen, einige Male an das Schiff geschleudert und dann nicht mehr gesehen. Infolge dessen sind einige Leichen fürchterlich verstümmelt.« Der Auszug aus dem Artikel der »Deutschen Auswandererzeitung« vom 16. November 1854 klingt grausam. Und so war es wohl auch sowohl für die Schiffsbrüchigen selbst als auch für die Spiekerooger, als das Auswandererschiff »Johanne« am 6. November 1854 vor der Insel kenterte. Denn die Insulaner konnten den Ertrinkenden in Ermangelung eines geeigneten Rettungsboots bei hohem Seegang nicht zur Hilfe eilen und mussten dem Unglück bis zum nächsten Niedrigwasser tatenlos zusehen. Dann erst konnten die Spiekerooger die Schiffbrüchigen retten.

Das Auswandererschiff war auf seiner Jungfernfahrt von Geestemünde bei Bremerhaven nach New York. Was voller Hoffnung auf ein besseres Leben begann, endete in einem Schiffunglück bei rauer See vor Spiekeroog. Damals verloren 77 von 216 Menschen auf dem Schiff ihr Leben, 18 Männer, 34 Frauen, 18 Kinder unter zehn Jahren und sieben Säuglinge. Die Insulaner beerdigten die am Strand angespülten Leichen in einem damals noch außerhalb des Dorfes liegenden Dünental, da auf ihrem kleinen Inselfriedhof kein Platz war. Auf dem Drinkeldodenkarkhof, was Kirchhof für Ertrunkene bedeutet, wurden in den Folgejahren weitere am Strand angespülte Schiffbrüchige beerdigt.

Die Spiekerooger errichteten zum Gedenken an die Verunglückten auf dem Drinkeldodenkarkhof einen Hügel aus Findlingen. Darauf steht ein Holzkreuz und davor ein Anker aus Metall, dessen Tau das Holzkreuz umgibt. Einige Nachkommen der Verwandten der verunglückten Auswanderer kamen 1979 nach Spiekeroog, um zum 125. Jahrestag des Untergangs der »Johanne« der Toten zu gedenken.

Adresse Tranpad 4, 26474 Spiekeroog | Anfahrt mit der Fähre Neuharlingersiel–Spiekeroog, ab Anleger über Wüppspoor, Norderloog, Slurpad auf Tranpad | Tipp Das Alte Inselhaus im Süderloog 4 ist das älteste Gebäude Spiekeroogs. Es wurde 1705 erbaut und beherbergt heute ein Café und Restaurant.

91 Die Sterneninsel

Ein Zertifikat für besondere Dunkelheit

Für ihr Nachtleben war die Nordseeinsel Spiekeroog bisher eher weniger bekannt. Das etwa 18 Quadratkilometer große Eiland zwischen den Nachbarinseln Langeoog und Wangerooge steht für Sandstrand, Natur, Wellness, Ruhe und Erholung. Doch der Begriff Nachtleben muss ja nicht zwangsläufig mit Party, Musik und Aktion verbunden sein. Auf Spiekeroog bedeutet er vor allem eins: Dunkelheit.

Genau für diese besondere Dunkelheit ist die Insel im August 2021 offiziell ausgezeichnet worden. Die International Dark-Sky Association (IDA) hat Spiekeroog zur Sterneninsel erklärt. Die US-Organisation zeichnet Orte aus, an denen es vergleichsweise wenig künstliches Licht und damit so wenig Lichtverschmutzung wie möglich gibt. Das Thema Lichtverschmutzung betrifft vor allem die Zugvögel, die von ihren Flugrouten abkommen, weil sie sich nicht mehr am Sternenhimmel orientieren können, und nachtaktive Insekten, die an künstlichen Lichtquellen sterben.

Die Spiekerooger haben drei Himmelbeobachtungsplätze eingerichtet. Der »Dunkelort« ist am Fuß der Düne nördlich des Utkiekers, einer Bronzeskulptur des Kölner Bildhauers Hannes Helmke, an dem es ganz außergewöhnlich dunkel ist. Der »Lichtort« wartet weiter südlich auf der Aussichtsdüne beim Utkieker. Hier sieht man die Lichter der Siedlungen, Windkraftanlagen, Schiffe, Leuchttürme und die Lichtglocke über Wilhelmshaven und dem angrenzenden Industriegebiet. Weiter östlich am Strand gibt's den »Sternenkieker-Ort«, an dem man auf zwei Holzliegen den Sternenhimmel über Spiekeroog beobachten kann.

Seit Spiekeroog zur Sterneninsel ernannt wurde, ist die Dünenlandschaft im Norden und Osten ein beliebtes Ziel für Profi- und Hobby-Astronomen, Fotografen und Spaziergänger, die den perfekten Sternenhimmelmoment einfangen möchten. Ein etwas anderes Nachtleben. Ruhig, natürlich, sternenklar, beeindruckend. Aber vor allem eins: dunkel.

Adresse Insel Spiekeroog | **Anfahrt** ab Fähranleger Neuharlingersiel nach Spiekeroog, von dort Richtung Strand (Tranpad/Slurpad) | **Tipp** Wenn Sie sich einmal richtig erholen möchten, lassen Sie sich im InselBad und DünenSpa auf Spiekeroog verwöhnen. Hier gibt's mit Sauna, Wellness und Thalasso alles, was Körper und Geist guttut.

92 Das Zelt Gottes

Ein Ort voller Symbolik

Die Kirche St. Peter auf der Insel Spiekeroog ist alles andere als eine typische Kirche, wie man sie von den Katholiken kennt. Ein klassischerweise nach dem Vorbild der antiken Basilika gestaltetes Gebäude mit Mittelschiff und Seitenschiffen sucht man hier vergebens. Keine Türme, keine großen, bunten Fenster, kein Prunk. Im Gegenteil – die Kirche St. Peter besticht durch ihre Schlichtheit. Und sie hat eine ganz besondere Form, nämlich die eines Zelts. Schon von Weitem sieht man es über den Dünen der Insel in den Himmel ragen. Hier feiert die die katholische Gemeinde seit 1970 ihre Gottesdienste. Das Zelt Gottes, wie die Spiekerooger ihre Kirche nennen, ist eine mit Kupferplatten verkleidete Holzkonstruktion.

Spiekeroog war seit der Reformation eigentlich eine rein evangelische Insel. Nach und nach zogen immer mehr Katholiken hierher, die zunächst in der alten evangelischen Inselkirche Gast waren. Da aber mit der Zeit mit der steigenden Zahl der Urlauber und Kurgäste auch die Gottesdienste immer besser besucht waren, entschied man sich in den 1960er Jahren zum Bau einer eigenen katholischen Kirche.

Da das katholische Gemeindeleben auf Spiekeroog also sehr von den Urlaubsgästen geprägt ist, steht die Zelt-Architektur in diesem Zusammenhang für das »pilgernde Gottesvolk«. Das wird auch durch die angrenzende Wohnanlage deutlich: Hier können Gastpriester und Gastküster leben, wenn sie auf Spiekeroog zu Besuch sind und ihren Dienst in der Kirche St. Peter verrichten.

Auch der Innenraum der Kirche ist, anders als viele andere katholische Sakralbauten, sehr schlicht gehalten. Sein Zentrum ist der Altar, der genau in der Mitte des Zelts unter dem höchsten Punkt der Kirche steht. Im Zelt Gottes werden nicht nur Gottesdienste gefeiert. Die Kirche wird außerdem für Konzerte, Ausstellungen oder Vorträge genutzt. Sie kann ganzjährig täglich besucht werden.

Adresse Up de Höcht 7, 26474 Spiekeroog | Anfahrt Fähre Neuharlingersiel–Spiekeroog, ab Anleger über Wüppspoor, Westerloog auf Up de Höcht | Öffnungszeiten April–Okt. 9–20 Uhr, Nov.–März 10–16 Uhr | Tipp Mal was ganz anderes: Im Obergeschoss der Touristinformation »Kogge« befindet sich das »Kuriose Muschelmuseum«. Hier gibt's über 4.000 Schalen und Gehäuse der Meeresbewohner zu sehen. Schmunzeln werden Sie über die witzigen Namen, die den Exponaten gegeben wurden.

93__Der Biggenboom

Der Fluch von Strackholt

Auf halber Strecke zwischen den Ortschaften Strackholt und Bagband in der Gemeinde Großefehn steht ein kleiner Apfelbaum. Aber wie lange noch? Die Frage ist, angesichts der mysteriösen Geschichte dieses kleinen Fleckchens Erde im Landkreis Aurich, berechtigt. Der Apfelbaum wird Biggenboom genannt. Biggen, das ist der plattdeutsche Begriff für Ferkel, und Boom bedeutet Baum. Aber was haben nun Ferkel mit diesem unscheinbaren Apfelbaum an der B 72 zu tun?

Der Legende nach plante Graf Gerd von Oldenburg 1473, ein Stück Ostfriesland für sich zu beanspruchen. Da er es aber nicht schaffte, die Burg Uplengen einzunehmen, zog er weiter bis nach Strackholt. Hier befahl der Graf seinen Soldaten, das Dorf zu plündern und nur die Kirche zu verschonen. Während sich die Strackholter verzweifelt gegen die übermächtige Kriegsschar zur Wehr setzten, ignorierte einer der Angreifer den Befehl des Grafen. Er stahl den Abendmahlkelch aus der Kirche. Mit ihm und einem Fass Schnaps machten es sich die Plünderer unter einer großen Eiche am Weg Richtung Bagband gemütlich und feierten ungeniert ihren Erfolg.

Als der Priester von Strackholt auftauchte und die Soldaten aufforderte, den heiligen Kelch zurückzugeben, lachten diese ihn nur aus. Daraufhin belegte der Priester die Oldenburger mit einem Fluch: »Da wo sie sind, und toben wie kleine Ferkel, sollen sie verdammt sein in alle Ewigkeit.« Und die Strafe folgte auf dem Fuße. Der Drost von Stickhausen kam mit seinen Männern, ließ kaum einen Eindringling am Leben und eroberte die gestohlenen Güter zurück. Nur der Kelch blieb verschwunden.

Nicht nur die Soldaten, auch der Ort blieb verflucht. Ein Jahr später schlug ein Blitz in die Eiche ein. Mehrere Bäume, die in den folgenden Jahrzehnten als Ersatz für den Biggenboom gepflanzt wurden, gingen aus unerklärlichen Gründen ein. Wie lange wohl der aktuelle Apfelbaum noch steht?

Adresse 26629 Großefehn-Strackholt | **Anfahrt** B 72/Auricher Straße bis 26629 Bagband, abfahren auf L 436 nach Strackholt, am rechten Fahrbahnrand | **Öffnungszeiten** jederzeit zugänglich | **Tipp** Der Biggenboom ist nicht der einzige bemerkenswerte Baum in der Nähe. Auf dem Dorfplatz von Strackholt steht eine über 320 Jahre alte Linde, das »Hohe Thee«.

94 Der Erlebniswald

Pädagogik mal anders

»Verstehen ist nicht ohne Erleben wirklich.« Nach dem Motto von Kurt Hahn, dem Begründer der Erlebnispädagogik, lebt und arbeitet Marcus Neyka. Der 33-Jährige hat in einem Waldstück bei Timmel in der Gemeinde Großefehn einen Raum für Erlebnisse der ganz besonderen Art geschaffen. Sein Ziel: Momente in der Natur kreieren, die besonders sind, glücklich machen und die noch Jahre in Erinnerung bleiben.

Marcus Neyka ist seit 2020 Chef von »Mambo Erlebnispädagogik«. Er bietet verschiedene »Settings« für Gruppen an. Ob Familie, Freunde, Schulklassen oder Arbeitskollegen, und je nachdem, ob es um Teambuilding, Problemlösung, Motivation oder einfach nur um Spaß geht, hat er in seinem Wald verschiedenste Aktivitäten in petto. Da ist zum Beispiel Arrowtag, eine Mischung aus Völker- und Paintball, bei dem zwei Mannschaften gegeneinander antreten. Adrenalinstoß und Teamerlebnis sind garantiert. Bei »Mambo« – übrigens der Spitzname des Gründers – findet sich für jede Gruppe das passende Setting. Kommunikations- oder Sozialkompetenztraining für Firmen, Kletterkurse, Abenteuerfreizeit für Kinder, Bogenschießen, Kanutouren und Werwolf-Abende am Lagerfeuer mit anschließender Übernachtung im Rundzelt sind nur einige der Angebote.

Dem gelernten Erzieher und Erlebnispädagogen Neyka geht es dabei immer darum, die Teilnehmer aus ihrer Komfortzone zu holen und in verschiedenen Erlebnisfeldern Situationen zu schaffen, die sie einzeln oder als Gruppe lösen müssen. Dabei stehen für den gebürtigen Ruhrpottler, der auch schon einige Zeit in Madrid gelebt hat, der Spaß und die Stärken der Teilnehmer im Vordergrund.

Auf die Frage, was den Erlebniswald in Timmel so besonders macht, hat Wahlostfriese Marcus Neyka eine klare Antwort: »Ich bin der Meinung, dass es schönere Wälder in Ostfriesland gibt. Aber was unseren Wald einmalig macht, ist das Abenteuer darin.«

Adresse Mambo Erlebnispädagogik, Marcus Neyka, Ulbarger Straße 7, 26629 Großefehn, Tel. 0172/1888039 | **Anfahrt** B 72/Auricher Straße bis Großefehn, Timmeler Straße, rechts auf Leerer Landstraße, links abbiegen auf Ulbarger Straße | **Öffnungszeiten** nach Vereinbarung | **Tipp** Auf dem Grundstück der Tourist-Information Timmel stellen sechs Holzskulpturen des Auricher Künstlers Heinrich Klemme-Zimmermann die Entwicklung Timmels dar. Sie bestehen aus 400 Jahre altem Eichenholz aus einem Timmeler Gulfhaus.

95 Das Hilgenmeer

Dorfteich mit Eiszeitvergangenheit

Ein Dorfteich mit einer Insel, umgeben von Wanderwegen mit Bäumen und Sträuchern, zwischen Kirche und Friedhof gelegen. Das Hilgenmeer in Timmel, einem Ortsteil der Gemeinde Großefehn im Landkreis Aurich, ist nicht nur ein idyllisches Plätzchen, sondern auch eine geomorphologische Besonderheit und ein sagenumwobenes Gewässer zugleich.

Das Hilgenmeer ist eine Pingo-Ruine. Das ist der Überrest eines eingebrochenen Pingo, eines echten Eizeit-Relikts. Ein Pingo ist ein Erdhügel, in dessen Inneren sich ein Eiskern befand. Durch das Schmelzen des Kerns brach der Erdhügel zusammen, und es bildete sich eine runde Bodenvertiefung, umgeben von einem Erdwall. Nach dem Kollabieren eines Pingos entstand dann in der Hohlform ein Moor. In Ostfriesland gibt es Hunderte dieser typischen Bodenformen aus der Zeit des Permafrosts. Der Begriff Pingo stammt aus der Sprache der Inuit, einer indigenen Volksgruppe im arktischen Kanada und Grönland, und bedeutet Hügel oder schwangere Frau.

In den 1980er Jahren baggerten die Timmeler das Hilgenmeer aus, da die Hauptfläche Sumpfgebiet war und nicht betreten werden konnte, und legten den Dorfteich an. Einmal im Jahr, zu Pfingsten, ist der Dorfteich in Timmel Schauplatz einer ganz besonderen Veranstaltung. Dann verwandelt sich der Platz rund um das Hilgenmeer in ein mittelalterliches Heerlager mit alten Handwerken, Feuershow, Schwertkampf und Taverne.

Den eher ungewöhnlichen Standort der Timmeler Kirche, die eben nicht mitten im Ort, sondern am Hilgenmeer liegt, erklärt eine Sage aus dem 12. Jahrhundert. Zu dieser Zeit wurde die erste Kirche im Ort gebaut. Der Überlieferung zufolge wurden zwei Ochsen an den Hinterbeinen zusammengebunden und an einem warmen Tag durchs Dorf getrieben. Der Ort, an dem sie sich hinlegen würden, sollte der Bauplatz für die Kirche sein. Das taten die Tiere schließlich am Ufer des Hilgenmeeres.

Adresse Holunderweg, 26629 Großefehn-Timmel | Anfahrt B 72/Auricher Landstraße, nach rechts auf Schrahörn, links auf Holunderweg | Öffnungszeiten jederzeit zugänglich | Tipp Das interessanteste Gebäude in Timmel ist wohl die »Alte Seefahrtsschule«. Die Königliche Navigationsschule wurde 1846 gegründet und machte Timmel überregional bekannt.

96 Die Wattarena

Schmutziger Sport für eine saubere Sache

Schlitten fahren im Sommer? In Upleward ist das ganz normal. Die kleine Ortschaft in der Gemeinde Krummhörn ist die Metropole eines ganz besonderen ostfriesischen Sports: dem Schlickschlittenrennen. Jedes Jahr ist das Watt der Krummhörn Austragungsort der sogenannten »Wältmeisterschaften«. Auch im friesischen Dangast und einigen anderen Orten gibt es ein Schlickschlittenfestival, aber die Veranstaltung in Upleward ist unbestritten die mit der längsten Tradition. Hier treten schon seit mehr als 30 Jahren unerschrockene Schlickschlittenathleten gegeneinander an. Tausende Besucher treffen sich in dazu in der Wattarena in Upleward, um die Teilnehmer bei ihrem matschigen Wettlauf durchs Watt anzufeuern. Watt'n schöner Sommerspaß.

Die Schlitten, die den Uplewardern und ihren Gästen heute als Sportgeräte dienen, haben eine lange Tradition in Ostfriesland. Früher, als sich die meisten Fischer an der Nordseeküste noch keine Fischkutter leisten konnten, bauten sie Reusen im Watt auf, um Nordseekrabben zu fangen. Die Arbeit war äußerst mühsam und meist auch nicht besonders ertragreich. Mit dem Schlickschlitten, auch Wattschlitten oder Kreier genannt, fuhren die Fischer zu ihren Reusen ins Watt, um den Fang auf dem Schlitten ans Festland zu transportieren. Ein anstrengendes Unterfangen, um den Lebensunterhalt für sich und ihre Familien verdienen zu können. Bei allem Spaß und sportlichem Ehrgeiz – das Comeback des Schlickschlittens in Upleward erinnert eben auch an diese harte Zeit in der ostfriesischen Geschichte.

Die Athleten der »Wältmeisterschaften« im Schlickschlittenrennen machen sich übrigens für den guten Zweck dreckig. Seit 2011 werden die gesammelten Gelder an »Leukin«, den Elternverein krebskranker Kinder Ostfriesland, und die Niedersächsische Krebsgesellschaft gespendet. Ganz nach dem Motto: schmutziger Sport für eine saubere Sache. Watt 'ne gute Idee.

Adresse Tourist-Info Greetsiel, Zur Hauener Hooge 11, 26736 Krummhörn | Anfahrt B 72/Schoonorther Kreisstraße, Störtebekerstraße, Störtebeker Riese, Greetsieler Straße bis Hafenstraße, weiter bis Hauener Hooge. Info Tel. 04926/91880 | Tipp Die zweite absolute Sehenswürdigkeit in Upleward ist der sogenannte Trockenstrand. Das ist ein 9.000 Quadratmeter großer Sandstrand HINTER dem Deich, der als Erholungs-, Spiel- und Sportanlage genutzt wird.

97 Die Uttumer Orgel

Internationale Berühmtheit mit Nachbau in Fernost

Einen echten Schatz der Musikwelt hat der kleine Ort Uttum in der Gemeinde Krummhörn in seiner Kirche versteckt. Und zwar eine der weltweit bedeutendsten Renaissanceorgeln, die noch fast vollständig im Original erhalten und spielbar sind. Die Uttumer Orgel wurde von der »Stiftung Orgelklang« zur »Orgel des Jahres 2021« gewählt. Dabei gingen mehr als ein Drittel der online abgegebenen Stimmen an das ostfriesische Ausnahme-Instrument. Genau genommen 499, das sind exakt fünf mehr, als Uttum Einwohner hat.

Das Örtchen im Landkreis Aurich freut sich über die Aufmerksamkeit, die der Wahlsieg ihrer Orgel eingebracht hat. Allerdings war das seltene Instrument schon vorher eine internationale Berühmtheit. Regelmäßig melden sich namhafte Organisten bei der evangelisch-reformierten Kirchengemeinde, weil sie die historische Orgel für Musikaufnahmen buchen möchten.

Zum »Krummhörner Orgelfrühling«, einem in der Musikszene bekannten Festival, besuchen orgelinteressierte Musikstudenten aus aller Welt das bedeutende Renaissanceinstrument. Darunter auch viele Japaner, die so begeistert waren, dass sie so eine Orgel auch zu Hause haben wollten. Und so ließ die Kwassui University in Nagasaki die Uttumer Orgel 2016 vom japanischen Orgelbauer Kambe originalgetreu nachbauen. Krummhörner Orgelkunst in Fernost, gibt's auch nicht alle Tage.

Wer die Uttumer Orgel um 1630 erbaut hat, ist nicht bekannt. Wohl aber, wie sie finanziert wurde. Die Orgel stammt aus einer Zeit, in der protestantische Glaubensflüchtlinge aus den Niederlanden, die damals von den Spaniern besetzt waren, sehr viel Geld mit nach Ostfriesland brachten. Im 17. Jahrhundert entstand so eine reiche Orgellandschaft in Ostfriesland, und da, rückblickend glücklicherweise, später nicht mehr so viel Geld da war, wurden viele der Instrumente nicht wesentlich umgebaut und sind weitgehend original erhalten.

Adresse Lilienstraße 17, 26736 Uttum | **Anfahrt** B 210, rechts auf Loppersumer Straße, links auf Osterhuser Straße, rechts auf Cirkwehrumer Straße bis Lilienstraße | **Tipp** Sehenswert sind auch die Reste der Uttumer Burg. Das Wall- und Grabensystem ist noch erhalten. Die Burg entstand im 14. Jahrhundert unter der Häuptlingsfamilie Beninga.

98 Das Café Pudding

Kaffee und Kuchen im ehemaligen Bunker

Frische Nordseekrabben, Pasta Pesto oder Friesenpfanne? Danach warmer Schokokuchen, Rumtopf und Milchkaffee, oder doch lieber ein kühler Mojito? Klingt ja nicht allzu schlecht. Bekommt man auf Wangerooge sogar zusammen mit Aussicht aufs Meer und auf ziemlich geschichtsträchtigem Grund.

Das Café Pudding ist vor allem bekannt für seine Kuchen und Torten aus eigener Herstellung. Es ist schon seit 1946 im Besitz der Familie Folkerts. Damals pachtete die erste »Pudding-Generation« den ehemaligen Bunker auf der runden Stranddüne, entmilitarisierte die Wände und richtete 1948 einen Kiosk für Kuchen und Eis ein. Ja, richtig gelesen, das Gebäude »Café Pudding« war ursprünglich ein Bunker mit Funkmessgerät. Wangerooge fungierte im Zweiten Weltkrieg als Vorposten für den Kriegshafen Wilhelmshaven. Seit 1949 ist der Kiosk nun schon ein Café. Der Bunker wurde umbaut, ist aber nach wie vor komplett erhalten.

Das Café Pudding hat sich im Laufe der Zeit zum Wahrzeichen der ostfriesischen Insel entwickelt. Und das liegt nicht nur an seiner bewegten Vergangenheit, dem langjährigen Familienbesitz und dem leckeren Kuchen, sondern auch an der markanten Lage: Es befindet sich zentral zwischen Inseldorf und Strand, genau auf einer runden Düne und dadurch erhöht mit Blick auf das Wattenmeer auf der einen und den alten Leuchtturm auf der anderen Seite.

Stellt sich noch die Frage, woher der Name »Pudding« kommt. Der hat, auch wenn es im Café auch Schokopudding mit Vanillesoße gibt, nichts mit der süßen Nachspeise zu tun. Die Düne war schon immer ein beliebtes Ziel von Spaziergängern. Einmal die Straße aus dem Ortskern Richtung Strand gehen, um die Düne und zurück – diese Runde bot sich auf Wangerooge einfach an. In Norddeutschland sagt man zum Spazieren auch »'ne Runde um den Pudding gehen«. Und so ging man im wahrsten Sinne des Wortes um den Pudding, wenn man die Düne umrundete.

Adresse Zedeliusstraße 49, 26486 Wangerooge | Anfahrt mit der Fähre Harlesiel – Wangerooge, Inselbahn, auf Bahnhofstraße in Richtung Zedeliusstraße | Öffnungszeiten Ostern – Ende Okt. 12 – 20 Uhr | Tipp Sehenswert ist die Skulpturengruppe »Seehunde« der Bildhauerin Judith von Eßen vor dem Café.

99__Der Westturm

Wangerooges Wahrzeichen in der dritten Version

Geradezu wuchtig ragt der Westturm in den Wangerooger Himmel. Der beeindruckende Ziegelbau mit seinem quadratischen Grundriss von zwölf mal zwölf Metern ist ganze 56 Meter hoch. Wer die acht Etagen hochsteigt, dem bietet sich vom Aussichtsturm, der aus einem steilen Zeltdach besteht, ein spektakulärer Blick über die Insel und das Wattenmeer.

Der Westturm, das Wahrzeichen von Wangerooge, besteht in dieser Form seit 1933. Damals wurde er als Herberge für die Hitlerjugend genutzt, nach dem Zweiten Weltkrieg übernahm das Deutsche Jugendherbergswerk (DJH) das nun unter Denkmalschutz stehende Gebäude. Seit 2005 erweitert ein großes, angrenzendes Gebäude den historischen Jugendherbergsturm.

Der erste Wangerooger Westturm wurde bereits im 14. Jahrhundert erbaut. Er war der Kirchturm der Nikolaikirche und diente den Schiffen als Landmarke. Im Laufe der Jahrzehnte kam das Meer am Weststrand Wangerooges immer näher und holte sich schließlich den Turm, der damals noch weiter westlich stand, samt Kirche und Friedhof.

Der zweite Westturm in der Geschichte Wangerooges, der zwischen 1597 und 1602 entstand, war nicht nur Orientierungshilfe für die in die Weser einfahrenden Schiffe, sondern diente zugleich noch als Kirche, Lagerraum für Strandgut, Eiskeller, Schutzraum bei Sturmfluten und sogar als Gefängnis. Im Spitzdach des Turms befand sich ein Laternenraum mit den Leuchtfeuern. Der zweite Turm litt stark unter mehreren schweren Sturmfluten und dem weiter von Westen her auf die Insel drängenden Wasser. Die Neujahrsflut 1855 riss Wangerooge in drei Teile und zerstörte Teile des Turms. Die Sturmflut 1860 verschlimmerte die Lage, und um 1900 stand der beschädigte Turm schon zum Teil im Wasser. 1914 wurde er schließlich, vorgeblich aus militärischen Gründen, gesprengt. Heute erinnert ein Wappenstein des Hauses Oldenburg im Jugendherbergsturm an den Vorgängerbau von 1602.

Adresse Straße zum Westen 27, 26486 Wangerooge | Anfahrt Fähre Harlesiel–Wangerooge, ab Anleger zu Fuß bis Jugendherberge | Tipp Das runde Fundament des gesprengten zweiten Westturms wurde später in ein Buhnenbauwerk aufgenommen. Noch heute ist es bei Niedrigwasser in der Nähe des Neuen Leuchtturms im Westen der Insel zu erkennen.

100 Die Schmiede

Alte Handwerkskunst in der Dorfmitte

Wer noch nicht in Werdum war, der hat etwas verpasst. Längst hat sich die Gemeinde im Landkreis Wittmund als prosperierender Luftkurort etabliert. Das gepflegte Straßenbild und die auffallend vielen Sehenswürdigkeiten prägen die Struktur. Das Motto der rund 700-Einwohner-Gemeinde lautet: »Hier wird an einem Strang gezogen.« Dies mit Leben zu füllen bemühen sich die ganze Dorfgemeinschaft gemeinsam mit der Kommune und dem Heimat- und Verkehrsverein. Sie möchten den zahlreichen Gästen ein Optimum an Gastfreundschaft bieten.

Nicht verpassen sollten die Gäste einen Besuch in der historischen Schmiede. Die rustikale Werkstatt von Schmiedemeister Erich Eden war 1993 an der Hogewarfstraße abgebaut und direkt neben der Werdumer Mühle originalgetreu wiedererbaut worden. Noch heute kann man dort alte Handwerkskunst erleben. Die Besucher machen meist große Augen, wenn der jetzige Schmiedemeister Marcus MacGowan-Korte vor ihren Augen Hufeisen, Herzen und andere Gegenstände fertigt. Eine famose Urlaubserinnerung. Manchmal holt der gebürtige Schotte auch seinen Dudelsack hervor und lässt die Gäste staunen, wenn er die weltbekannte Hymne »Highland Cathedral« anstimmt. Der Schmied schwingt von April bis Oktober mehrfach in der Woche den Hammer.

Das Dorf im Landkreis Wittmund ist um 1297 als Warfsiedlung entstanden. Werdum war damals bereits als Häuptlingssitz ein bedeutender Ort an der Nordseeküste. Die erste Burg soll der Sage nach schon viel früher auf der heutigen Kirchwarf gestanden haben. Mehrere alte Gebäude zeugen von der großen Bedeutung des Ortes im Harlingerland.

Und noch etwas sticht hervor, nämlich das überdachte Wassertretbecken, das in seiner Art einzigartig in Deutschland ist. Die Kneipphalle wurde im Jahr 2002 errichtet und erfährt wegen ihres Ambientes immer wieder viel Lob. Bei Loungemusik vor dem plätschernden Wasserfall ist Entspannung garantiert.

Adresse Edenserlooger Straße 13, 26427 Werdum | Anfahrt B 210 bis Esens, weiter auf Neuharlingersieler Straße, rechts auf Edenserlooger Straße | Öffnungszeiten April–Okt., Kontakt Tel. 04974/990099 | Tipp Ebenfalls auf der Museumswiese befindet sich die Erdholländer Mühle sowie das Alte Backhuus, in dem von April bis Oktober fast täglich Brot gebacken wird.

101 Die Kapitänsgrabsteine

Ein kulturhistorischer Schatz auf dem Friedhof

Die Seemannsgrabsteine auf dem Friedhof in Westeraccum erzählen Geschichten. Sie erzählen die Geschichten der verstorbenen Kapitäne, die ihr Leben auf hoher See verbracht und es meist auch dort verloren haben. Und sie erzählen die Geschichte der Seefahrt an der ostfriesischen Nordseeküste. Die Stelen neben der evangelisch-lutherischen Fischerkirche St. Petri sind steinerne Archive aus den vergangenen Jahrhunderten.

Westeraccum, Ortsteil der Gemeinde Dornum, versteckt auf seinem Friedhof einen echten kulturhistorischen Schatz. Nirgendwo in Ostfriesland gibt es mehr derart gut erhaltene Kapitänsgrabsteine. Sieben Grabsteine aus dem 18. Jahrhundert und acht aus dem 20. Jahrhundert prägen das Bild des Kirchhofs der 800 Jahre alten Backsteinkirche St. Petri. Der heilige Petrus ist übrigens – wie passend – der Schutzpatron der Fischer und Seefahrer.

Die Kapitänsgrabsteine aus dem 18. Jahrhundert sind aus Sandstein gefertigt. Weil er als besonders hart und wetterbeständig gilt, wird er auch »norddeutscher Marmor« genannt. Die wohlhabenden Kapitäne waren einige der wenigen, die sich dieses Material leisten konnten. Auf den Stelen sind Schiffe dargestellt, die nicht nur als Symbol für das Leben stehen, sondern im Fall der Westeraccumer Kapitäne auch für deren Beruf.

Die Steine zeigen häufig genau die Schiffe, die die Kapitäne befahren haben, und somit die für die Zeit typischen Schiffsarten. So zeichnen sie eben auch ein Bild der Entwicklung der Schifffahrt im Ostfriesland.

Während üblicherweise neben der Schiffsdarstellung die Inschrift mit Namen, Geburts- und Todestag eher kurz gehalten ist, geben ein paar Steine mehr über die Kapitäne preis. So wie die tragische Geschichte von Focke Fokken, dessen drei Söhne alle im Kindesalter starben, zwei an Pocken, einer bereits mit 14 Tagen. Auch seine erste Frau wurde nur 29 Jahre alt, er selbst blieb 1756 auf See.

Adresse Johann-Dollmann-Straße 2, 26553 Dornum-Westeraccum | **Anfahrt** über Dornumer Straße / Bahnhofstraße nach Dornum, rechts auf Accumer Riege bis Westeraccum, links auf Sielweg bis Petri-Kirche | **Öffnungszeiten** jederzeit zugänglich | **Tipp** Nicht weit entfernt in der Beningalohne in Dornum steht das Oma-Freese-Huus. Es ist das Vermächtnis der beliebten Dornumerin Foline Freese und heute Heimatmuseum. Es beherbergt auch die Werke der Maler Georg und Ludwig Kittel und des Schriftstellers Enno-Wilhelm Hektor.

102 Der Mittelpunkt Ostfrieslands

Wo die Landkarte in der Waage liegt

Wenn auch außerordentlich idyllisch – der Nabel der Welt ist die Feriengemeinde Ihlow wohl nicht. Aber sie ist der Mittelpunkt Ostfrieslands, und das ganz offiziell. Das Landesamt für Geoinformation und Landentwicklung hat den geografischen Mittelpunkt der Region ermittelt. Genau genommen den Schwerpunkt. Dafür wurde, auch wenn es erst mal etwas absurd klingt, aus einem stabilen Material ein Landkarten-Modell ausgeschnitten und auf etwas Spitzes, beispielsweise einen Bleistift, gestellt. So, dass die Landkarte ausbalanciert ist. Exakt in der Waage liegt Ostfriesland, wenn das Örtchen Westerende-Holzloog in Ihlow auf der Bleistiftspitze liegt.

»Wir haben uns schon immer als Mittelpunkt Ostfrieslands gefühlt«, sagte der ehemalige Ihlower Bürgermeister Johann Börgmann in einem Interview mit Radio Bremen Zwei im März 2021. »Aber jetzt haben wir nachgewiesen, dass der Mittelpunkt Ostfrieslands tatsächlich in unserer Gemeinde liegt.« Böse Zungen oder missgünstige Nachbargemeinden könnten den Ihlowern nun unterstellen, dass auch das Wattenmeer vor den Ostfriesischen Inseln und die nicht genau definierte deutsch-niederländische Grenze im Dollart in das Modell mit einbezogen wurden. Darauf konterte Börgmann, sicherlich mit einem Augenzwinkern: »Das ist Wasser, und bei Wasser sind wir nicht so genau.«

Die Ihlower sind jedenfalls froh, inmitten einer typisch ostfriesischen Landschaft aus Äckern und Wiesen ihren offiziellen ostfriesischen Mittelpunkt zu haben. Den schmücken seit 2015 ein Granitfindling mit einer Bronzetafel und eine Sitzbank. Bei genau 53° 27' 35" nördlicher Breite und 7° 23' 53" östlicher Länge kann also am Herrenhüttenweg nach einer Wanderung oder Radtour Pause gemacht und gepicknickt werden. Vielleicht findet der eine oder andere hier ja sogar nicht nur die Mitte Ostfrieslands, sondern gleich noch seine eigene.

Adresse Herrenhüttenweg, 26632 Ihlow-Westerende | **Anfahrt** ab Aurich über Oldersumerstraße bis Westerende-Kirchloog, rechts auf Holzloogerstraße, links in den Herrenhüttenweg; das Ziel liegt links an der Wegegabelung | **Tipp** Die Ostfriesen haben nicht nur ihren Mittelpunkt, sondern auch die Linie ermittelt, die die Region exakt in eine nördliche und eine südliche Hälfte teilt. Der »Ostfrieslandäquator« verläuft im Breitengrad 53° 30' 00" genau durch den Auricher Stadtteil Sandhorst, wo es einen Torbogen und eine Sitzgruppe gibt.

103 Der Riese von Holtriem

Modernste Technik und Natur in 60 Meter Höhe

Bei seiner Eröffnung 1998 war er der größte Windpark Europas. Und auch heute noch spielt der Windpark Holtriem-Dornum ganz vorn mit, ist weiterhin eine der modernsten und größten Windfarmen auf unserem Kontinent. Er umfasst mittlerweile 35 Windkraftanlagen, die mit einer Leistung von insgesamt 52,5 Megawatt bis zu 37.000 Vier-Personen-Haushalte mit Energie versorgen können.

Zugegeben, Windräder sind in den meisten Regionen keine Besonderheit mehr. Gerade in Ostfriesland prägen die hochmodernen Anlagen zur alternativen Energieerzeugung die Landschaft, weht hier doch wegen der Nähe zum Meer eigentlich immer eine mehr oder weniger steife Brise, die genutzt werden kann. Was den Windpark in der Samtgemeinde Holtriem so außergewöhnlich macht, ist, dass eine der E-66-Anlagen eine Aussichtsplattform hat.

Diese sogenannten Aussichts- oder Besucherwindkraftanlagen sind eine echte Seltenheit. Weltweit gibt es gerade mal acht Windräder mit Aussichtskanzel. In Deutschland findet man neben der Anlage im Windpark Holtriem, die übrigens genau genommen auf dem Gebiet der Gemeinde Westerholt steht, nur noch zwei weitere Besucherwindkraftanlagen. Eine steht in Aachen auf dem Vetschauer Berg und die andere in Hannover auf dem Kronsberg.

Das besondere Windrad in Westerholt ist mit einer Innenwendeltreppe ausgestattet, deren 297 Stufen es erst mal zu bewältigen gilt. Die knapp zehnminütige Anstrengung bis rauf zum verglasten Aussichtsrondell direkt unter dem Maschinenhaus lohnt sich. In 65 Meter Höhe erlebt man die Technik der Windkraftanlage hautnah, schließlich befindet man sich ganz nah an den jeweils etwa 30 Meter langen Rotorblättern. Deren regelmäßiges Rauschen und das leichte Schaukeln des Turms sind, zusammen mit der spektakulären Aussicht, absolut beeindruckend. Bei gutem Wetter kann man vom Riesen von Holtriem aus sogar die Ostfriesischen Inseln sehen.

Adresse Westerhellner Weg, 26556 Nenndorf | **Anfahrt** B 210/Auricher Straße, rechts ab auf Im Gewerbegebiet, nach rechts auf Bültenweg, ab dann zu Fuß | **Öffnungszeiten** Führungen mit Voranmeldung unter Tel. 0173/6312732, Infos unter www.holtriem.de | **Tipp** Um die Ecke, in Schweindorf, befindet sich ein Hochzeitswald. Der Landesherr Fürst Christian Eberhard verfügte 1697, dass alle frisch vermählten Eheleute im Harlingerland einen Eichenbaum pflanzen mussten.

104_Der Rettungsring

Grausames Schicksal auf der Außenjade

Es müssen unvorstellbar lange 14 Stunden gewesen sein. Und unfassbar grausame. Im September 1960 trieb die erst 22-jährige Klara Meiners nach einem Schiffsunglück genau so lange im kalten Wasser der Außenjade. An ihrer Seite, die beiden Rettungswesten aneinander geleint, ihr Ehemann und Kapitän. Den acht Monate alten Sohn hatte sich die junge Frau vor den Oberkörper gebunden. Mann und Sohn starben in der Nacht, so wie der Schiffsjunge, nur Klara Meiners überlebte.

Der Untergang der »MS Adelheid« ist eines der tragischsten Schiffsunglücke der deutschen Seehistorie. Das kleine Frachtschiff war, beladen mit Kohle, auf der Außenjade nördlich von Wilhelmshaven unterwegs, als es nach einem Ruderschaden bei schlechtem Wetter sank. Besonders tragisch: Die Lichtsignale der verzweifelten Crew wurden an Land für einen Teil eines Marinemanövers gehalten. So waren die fünf Schiffbrüchigen im eisigen Wasser auf sich allein gestellt. Als die Seenotretter 14 Stunden später endlich eintrafen, fanden sie nur eine einzige Überlebende der »MS Adelheid«.

Überreste von Bord, wie beispielsweise der Rettungsring der »Adelheid« und eine Rettungsweste, sowie Zeugnisse aus dieser Zeit sind im Fehn- und Schifffahrtsmuseum in Westrhauderfehn ausgestellt. Die Überlebende des Unglücks, Klara Meiners, hat mittlerweile ein Buch über die schlimmsten Stunden ihres Lebens und den Kampf ums Überleben geschrieben.

Im Fehn- und Schifffahrtsmuseum Rhauderfehn dreht sich in der Dauerausstellung alles um die Fehnkultur, den Schiffbau und die Schifffahrt. Wie ging die Urbarmachung des Hochmoors vonstatten? Wie lief die Arbeit in den Werften in Rhauderfehn ab? Welche Abenteuer erlebten Fehntjer Seeleute auf den Weltmeeren? Das Fehn- und Schifffahrtsmuseum erzählt anschaulich die Antworten auf diese und viele andere spannende Fragen. Regelmäßige Sonderausstellungen ergänzen das Angebot.

Adresse Rajen 5, 26817 Westrhauderfehn | **Anfahrt** über B 72 bis Westrhauderfehn, Hauptstraße, Unterende bis Rajen | **Öffnungszeiten** März–Okt. Di–Fr und So 11–17 Uhr | **Tipp** Ein Teil der Esterweger Dose, eines unter Naturschutz stehenden Hochmoorgebietes, liegt in der Gemeinde Rhauderfehn. In der Nähe des Ortsteils Burlage wurde in den 1930er Jahren die Moorleiche eines Kindes und in den 1950er Jahren der historische Torfhund von Burlage gefunden.

105_Das Blumenreich

Entschleunigung und Aktion unter einem Dach

»Die Blüte Ostfrieslands« oder auch »Blumenstadt«, so nennt sich die Stadt Wiesmoor im Süden des Landkreises Aurich. Was vor etwas mehr als 100 Jahren noch eine nahezu unbesiedelte Moorlandschaft war, ist im Laufe der Zeit ein attraktiver Luftkurort und ein beliebtes Urlaubsziel geworden. Im wahrsten Sinne des Wortes aufgeblüht ist die Kleinstadt, übrigens eine der jüngsten Städte Niedersachsens. Denn das absolute Markenzeichen von Wiesmoor ist der weit über die Grenzen Ostfrieslands hinaus bekannte Gartenpark mit angrenzender Blumenhalle.

Der Gartenpark ist ein fünf Hektar großes Paradies für Blumenfreunde. Es gibt verschiedene Themengärten, aber auch naturbelassene Blühwiesen, und unzählige Ecken zum Entspannen und Genießen der Blütenpracht. Aktivere Naturfreunde können im Thai-Chi-Bereich für sportlichen Ausgleich sorgen. Wer durch den Gartenpark in Wiesmoor spaziert, taucht nicht nur in eine herrlich entspannende Blumenwelt ein, sondern wird auch automatisch inspiriert, im eigenen Garten oder zumindest auf dem Balkon pflanzentechnisch kreativ zu werden.

Auch die Blumenhalle, eröffnet im September 1968, präsentiert ein Meer außergewöhnlicher Pflanzen. Ein Fluss, Wasserfälle, begehbare Beete, Vögel und Fische und sogar Schildkröten unter Palmen im Tropenbereich sind nur einige der Highlights der Wegführung durch die Halle. Besonders sehenswert: die Wasserorgel. Jede halbe Stunde sprudeln Wasserfontänen zur Musik inmitten der Blumenlandschaft.

Im Blumenreich steht nicht nur Entspannung auf dem Plan. Die hauseigene Eventgastronomie hat einen Poolbillard-Tisch, Steel-Dartboards und einen Tischkicker im Angebot. Jedes Jahr ab November wird die Mehrzweckfläche der Blumenhalle zur Eisstockschießbahn umfunktioniert. Direkt am Blumenreich gibt's außerdem eine in Deutschland einmalige Erlebnisgolfanlage mit einem besonders abwechslungsreichen Parcours.

Adresse Dahlienstraße 26, 26639 Wiesmoor, Tel. 04944/919842, www.tourismus-wiesmoor.de | Anfahrt B 72 bis Mittegroßefehn, links auf Kanalstraße, nach rechts auf Neuer Weg, links in Dahlienstraße | Öffnungszeiten Kernsaison bis zum 31. Okt., tägliche Einlasszeit 10–17 Uhr, Besuchszeit bis 18 Uhr. | Tipp Keine fünf Minuten entfernt liegt das Torf- und Siedlungsmuseum. Eine alte Moorbahn pendelt zwischen dem Museum und der Blumenhalle.

106 Die Freilichtbühne

Zwischen Blütenfest und Großkonzert

Die Blumengemeinde Wiesmoor, ihre Freilichtbühne und das jährliche Blütenfest – Begriffe und Ereignisse, die enger kaum miteinander verbunden sein könnten. Doch um die 3.000 Sitzplätze fassende Open-Air-Arena in ihrer Entstehung kennenzulernen, muss zunächst Rückschau gehalten werden.

Die Jahre 1949 und 1950 in Ostfriesland: Die Gemeinde Wiesmoor ist auf 1.600 Einwohner angewachsen. Grund dafür ist unter anderem die herausragende Entwicklung der Nordwestdeutschen Kraftwerke AG. Immer mehr Arbeitskräfte wurden benötigt, die mit ihren Familien in den prosperierenden Ort zogen. Einen bemerkenswerten Aufschwung gab es schon 1951. In dem Jahr wurde der Verkehrs- und Heimatverein Wiesmoor und Umgebung mit dem Vorsitzenden, Kraftwerksdirektor Jan Hinrichs, gegründet. Von da an war Wiesmoor offiziell eine Großgemeinde, zudem wurde erstmals über die »Errichtung einer Freilichtbühne sowie Veranstaltungen von Volksfesten« nachgedacht. Und schon im Sommer 1954 sahen die Wiesmoorer auf die Fertigstellung des circa 150.000 Quadratmeter großen Gemeindeparks mit Veranstaltungsbühne entgegen. Die Eröffnungsveranstaltung ging schließlich im August 1954 über die Bühne – natürlich im Rahmen des dritten Blütenfests.

Um die Jahrtausendwende fungierte die Freilichtbühne dann auch als Ort für Konzerte mit namhaften Künstlern. War 1986 bereits die Gruppe Karat zu Gast, so legten die Wiesmoorer mit großen Open-Air-Veranstaltungen später tüchtig nach: Fury in the Slaughterhouse, Otto Waalkes, The Scorpions, BAP, Barcley James Harvest und die Klostertaler gaben ihre Visitenkarte in der beschaulich-schönen Blumengemeinde ab. Wer also bei der Wahl der nächsten Blütenkönigin dabei sein möchte, der muss wissen, dass die Freilichtbühne also auch ein großes Stück Open-Air-Geschichte ist, mal abgesehen davon, dass auch immer mal wieder Theatervorstellungen gegeben werden.

Adresse Freilichtbühnenstraße 64, 26639 Wiesmoor | Anfahrt B 72 und Kanalstraße bis Freilichtbühnenstraße | Öffnungszeiten Park ist ganztägig zu besichtigen | Tipp Das Fahrgastschiff »MS Wiesmoor«. Von Juni bis Mitte September startet die »Kleine Fahrt« jeden Mittwoch um 14 Uhr. Das Schiff fährt vom Anleger am Marktplatz Wiesmoor in Richtung Marcardsmoor.

107 Das Moorfreibad

Ein Paradies für Wasserratten

Wiesmoor, bekannt als die »Blumenstadt« (siehe Ort 105), ist die jüngste Stadt Ostfrieslands und eine der jüngsten Städte Niedersachsens. Das heutige Stadtgebiet war bis Ende des 18. Jahrhunderts unbewohnt. Wie der Name schon sagt, befindet sich die Stadt auf einem ehemaligen Moorgebiet. Wo heute knapp 14.000 Einwohner leben, befand sich ursprünglich ein Teil des Ostfriesischen Zentralhochmoors. Wiesmoor entstand erst mit Beginn der Industrialisierung, als 1906 das Moor abgetorft wurde und die Moorkolonisierung begann. Die Landschaft war geprägt von Moorseen wie dem Ottermeer, das mit der Zeit verlandete.

Die Wiesmoorer legten 1977 ein Stück südlich des alten Hochmoorsees ein künstliches Gewässer an. Das Ottermeer 2.0 sozusagen. Der von einer Regenmoorlandschaft umgebene See ist etwa 13 Hektar groß und durchschnittlich zwei Meter tief. Zusammen mit dem angrenzenden Gebiet ist er bereits seit 1991 Teil eines großen Landschaftsschutzgebiets.

Mit dem Naturfreibad am Ottermeer hat die Stadt Wiesmoor am südöstlichen Rand des Landkreises Aurich ein beachtliches Naherholungsgebiet geschaffen. Das Ufer ist mit typischen Moorpflanzen wie Wollgras, Besenheide und Wasserschwertlilien bewachsen und bei Spaziergängern, Wandernden und Joggenden ein beliebter Rundweg.

Am und auf dem Ottermeer kommen aber vor allem Wasserratten auf ihre Kosten. Am Nordufer gibt es einen Sandstrand mit großer Rutsche. Das Ottermeer lädt mit seiner regelmäßig geprüften, einwandfreien Wasserqualität zum Baden ein, außerdem gibt es einen Verleih für Tretboote, Kajaks und Stand-up-Paddle-Boards. Für die Verpflegung mit Eis, Snacks und Getränken sorgt ein Kiosk. Das macht Lust auf einen Strandtag in der Blumenstadt, stimmt's? Und wer länger im Moorfreibad in Wiesmoor bleiben möchte, für den ist der nördlich ans Ottermeer grenzende, etwa sieben Hektar große Camping- und Bungalowpark das perfekte Ziel.

Adresse Am Ottermeer, 26639 Wiesmoor | **Anfahrt** über B 72 und Kanalstraße bis am Ottermeer | **Öffnungszeiten** ganzjährig geöffnet, Infos über die Badeaufsicht und die Öffnungszeiten des Kiosks unter www.tourismus-wiesmoor.de oder Tel. 04944/91980 | **Tipp** Wenn's im Freien mal zu kalt ist, hat Wiesmoor für Wasserratten auch noch ein Hallenbad im Angebot. Im Bad an der Wittmunder Straße gibt's einen Sprungturm, ein Bewegungsbecken und ein Dampfbad.

108 Hands of Fame

Die berühmten Hände von Wittmund

Wer will schon nach Hollywood, wenn er stattdessen in Wittmund sein kann? Die schöne Kreisstadt an der ostfriesischen Nordseeküste hat zwar keine weltberühmte Filmindustrie und auch kein kalifornisches Wetter, aber dafür die »Hands of Fame« zu bieten. Nach dem Vorbild des amerikanischen »Walk of Fame« gibt's in der Wittmunder Fußgängerzone eine Flaniermeile mit den Handabdrücken berühmter Persönlichkeiten.

Prominenz aus Sport, Musik- und Showgeschäft und Politik haben hier ihren Handabdruck und ihre Unterschrift auf einer Tonplatte hinterlassen. Von den Entertainern Karl Dall und Torsten Sträter über den ehemaligen Fußballnationalspieler Olaf Thon bis hin zu den Musikern Udo Lindenberg und Howard Carpendale … Auch die Hände bekannter deutscher Schauspieler wie Dietmar Bär, Katja Riemann und Uwe Ochsenknecht sind in Wittmund verewigt. Man wundert sich wirklich, welche Stars schon in der kleinen ostfriesischen Stadt zu Gast waren. Zwei- bis dreimal im Jahr werden neue Platten mit den Handabdrücken der Promis eingeweiht, wozu die Berühmtheiten natürlich eingeladen werden.

Seit 2010 gibt's in der Wittmunder Fußgängerzone außerdem den wohl deutschlandweit einzigen »Bundespräsidentenplatz«. Er ist sozusagen das Herzstück der Flaniermeile. Hier sind die Handabdrücke der Bundespräsidenten wie Johannes Rau, Roman Herzog oder Walter Scheel in Ton gebrannt. Der Platz in der Kirchstraße / Ecke Drostenstraße ist der Start- und Endpunkt von »Hands of Fame«.

Hinter dem Projekt steht der Verein »Hands of Fame«, der neben der Würdigung von Personen des öffentlichen Lebens für internationale Gesinnung, Toleranz auf allen Gebieten der Kultur und den Völkerverständigungsgedanken steht. Falls also das nötige Kleingeld für einen Flug nach Los Angeles erst mal noch fehlt, versprüht die Wittmunder Variante vielleicht solange einen Hauch von Hollywood. Und das mitten in Ostfriesland.

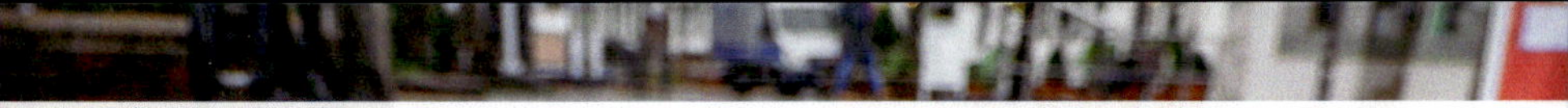

Adresse Fußgängerzone Drostenstraße/Kirchstraße, 26409 Wittmund | Anfahrt B 210, links abbiegen auf Auricher Straße, Drostenstraße | Öffnungszeiten jederzeit zugänglich | Tipp Eine eher regional bekannte »Persönlichkeit« ist das Wittmunder Stadtoriginal Jan Schüpp. In der Innenstadt haben ihm die Einwohner einen Brunnen und eine Bronzefigur gewidmet. Jan Schüpp steht für die ostfriesische Lebensart, die Dinge nicht zu schwer zu nehmen.

109_Die Peldemühle

Ältester Galerieholländer Norddeutschlands

Schon wieder ein ostfriesischer Superlativ! In Wittmund steht der älteste Galerieholländer von ganz Norddeutschland. Die Peldemühle ist ein Kulturdenkmal und das Wahrzeichen der 20.000-Einwohner-Stadt. Um vorab die Namensherkunft zu klären – Pelden bedeutet Schälen, und Peldemühle ist ein in Norddeutschland und den Niederlanden verbreiteter historischer Ausdruck für eine Schälmühle. In einer solchen werden vor allem Getreide wie Gerste, Dinkel, Hirse und Hafer verarbeitet.

Das tat auch der aus Werdum in der Samtgemeinde Esens stammende Müller Poppe Embcken ab 1741, nachdem er die Peldemühle in Wittmund samt Wohngebäude und Scheune hatte bauen lassen. Embcken war einer der wenigen glücklichen Müller, die damals vom ostfriesischen Fürsten Carl Edzard die Ausnahmeerlaubnis bekommen hatten, eine Mühle zu errichten. Eigentlich durfte das nur die Obrigkeit, und die Erlaubnis wurde nach dem Mühlenrecht in Erbpacht vergeben.

Die Peldemühle sollte der Müller allerdings nur unter der Auflage führen, dass er ausschließlich Gerste zu Graupen verarbeitete. Außerdem musste Poppe Embcken dem Fürsten jährlich sogenanntes Windgeld bezahlen. Es heißt, der Müller habe sich nicht an das Verbot gehalten und auch Roggen und Weizen gemahlen. Embcken gab die Mühle schließlich an seinen Sohn weiter.

Viele Jahre und einige Eigentümer später erwarb der Wittmunder Auktionator Johann Ihnen die Peldemühle 1974 und verhinderte damit deren Verfall. Die von seinen Kindern 2006 gegründete Stiftung kümmert sich seitdem um den Erhalt der historischen Mühle. Sie ist heute restauriert und voll funktionsfähig. Im Wittmunder Galerieholländer gibt es noch einen über 250 Jahre alten historischen Backofen. So kann an den Aktionstagen, die mehrmals im Jahr stattfinden, die Verarbeitung von Getreide bis hin zum original Wittmunder Peldemühlenbrot wie in alten Zeiten demonstriert werden.

Adresse Esenser Straße 14, 26409 Wittmund | **Anfahrt** B 210 bis Wittmund, über Auricher Straße, Finkenburgstraße auf Esenser Straße | **Öffnungszeiten** April–Okt. mittwochs nachmittags geöffnet und Besichtigungen auf Anfrage, Nov.–März nach Absprache mit dem Förderverein unter info@peldemuehle-wittmund.de | **Tipp** Die Suits-Mühle, ein Galerieholländer in der Wittmunder Innenstadt, wurde 1884 gebaut. Heute beherbergt sie das Restaurant »Zur Mühle«. Hier gibt's Pizza, Pasta und mehr.

110 Die Richthofen-Ausstellung

Anerkennung für Mut und Fairness

Das Taktische Luftwaffengeschwader 71 »Richthofen« ist in der ostfriesischen Kreisstadt Wittmund beheimatet. 1961 wurde dem Geschwader dieser Name verliehen. Namensgeber ist der bekannteste und erfolgreichste Jagdflieger des Ersten Weltkriegs, Manfred Freiherr von Richthofen. Große Erfolge im Einsatz, maßgebliche innovative Veränderungen um die Grundsätze des Flugtrainings und der Luftkampfeinsätze sowie sein allgemeines Engagement für die Luftwaffe machten ihn zum militärischen Vorbild seiner Zeit. Sowohl Freund als auch Feind schätzten Richthofens Fairness und dessen Mut während seiner zahlreichen Kampfeinsätze. Wegen seines berühmten Namensgebers ist das Wittmunder Jagdgeschwader wohl der bekannteste fliegende Verband der deutschen Luftwaffe. Knapp 800 Soldatinnen und Soldaten sowie mehr als 150 zivile Mitarbeiterinnen und Mitarbeiter haben im Fliegerhorst ihren Arbeitsplatz.

Das Luftwaffengeschwader ist heute der NATO als sogenannte »Command Force« unterstellt. In dieser Eigenschaft hat der Verband den Auftrag, gemeinsam mit alliierten Luftwaffen »die Unversehrtheit des Luftraums über der Bundesrepublik Deutschland jederzeit zu gewährleisten«, wie es offiziell heißt. Um dies zu gewährleisten, stehen ständig zwei Jagdflugzeuge in Alarmbereitschaft. Diese Alarmrotte (Quick Reaction Alert) soll in erster Linie für die Identifizierung und das Abfangen unbekannter Flugziele sorgen.

Herausragende Höhepunkte des Richthofen-Geschwaders waren 2006 der Papstbesuch und die Fußballweltmeisterschaft sowie die Visite des amerikanischen Präsidenten. Der Auftrag: die Sicherheit im Luftraum während dieser Zeit permanent gewährleisten.

Eine sehenswerte militärgeschichtliche Sammlung sowie eine neu konzipierte Ausstellung beschreiben die Geschichte des Geschwaders und das Leben von Oberst Manfred Freiherr von Richthofen.

Adresse Isumer Straße 20a, 26409 Wittmund | Anfahrt B 210 bis Wittmund, rechts auf Birkenweg bis Isumer Straße | Öffnungszeiten Mi ab 10 Uhr, Fr ab 14 Uhr, Voranmeldung unter Tel. 04462/9172114 erforderlich | Tipp Das Robert von Zeppelin- und Fliegermuseum in der Drostenstraße 13 in Wittmund. Dort kann die Geschichte der großen, legendären Luftgefährte entdeckt werden.

111 Der Skulpturengarten

Kunst im Dialog mit der Natur

Im Wittmunder Stadtteil Funnix gibt's abstrakte Kunst zu sehen. Und zwar im Skulpturengarten. Der etwa ein Hektar große Garten gegenüber der Kirche bereichert seit 2007 Ostfrieslands Kunstszene. Hauptsächlich sind hier Werke des 1946 in Funnix geborenen Bildhauers und Metallplastikers Leonard Wübbena zu sehen. Wübbena ist gelernter Schriftsetzer und hat als Kunstlehrer und -dozent gearbeitet. Seit den 1980er Jahren arbeitet er hauptsächlich mit Stahl und erschafft abstrakte Kunst, meist aus Corthenstahl, einem wetterfesten Baustahl. Häufig verwendet er dabei auch Rohre, Kugeln, Walzen und andere Metallgegenstände. Zu Wübbenas künstlerischen Vorbildern zählen der »Erfinder der Eisenplastik« Julio González, Picasso und David Smith.

Leonard Wübbena gibt im Skulpturengarten auch anderen Künstlern Raum. So sind in Funnix auch die Werke anderer Skulpturenbauer aus Deutschland und den benachbarten Niederlanden zu sehen. Mit zum Teil mehreren Werken vertreten sind David Lee Thompson, Ronald A. Westerhuis, Egbert Hanning, Michael Hischer, Jörg Bochow, Klaus Duschat, Andreas Freyer, Marina Schreiber, Herbert Nouwens und Cornelia Weihe.

Die Ausstellungsstücke im Skulpturengarten sind hauptsächlich zeitgenössische abstrakte Stahlplastiken, das heißt Kunst aus Stahl und anderen Industriematerialien. Die Künstler möchten den selbstverständlichen Umgang mit moderner abstrakter Kunst fördern und auch Menschen erreichen, die sich sonst nicht zu moderner Kunst hingezogen fühlen. Daher werden die Skulpturen nicht in einem Museum, sondern in einem Garten präsentiert. Erklärtes Ziel Wübbenas und seiner Kollegen: der Dialog von Kunst und Natur.

Und tatsächlich: Die Kombination des liebevoll angelegten Gartens mit seinen Bäumen, Sträuchern und Blumen und den abstrakten Stahlplastiken ist wirklich faszinierend. Die Werke werden regelmäßig durch wechselnde Sonderausstellungen ergänzt.

Adresse Funnix 2, 26409 Wittmund | **Anfahrt** B 210 bis Wittmund, über Auricher Straße links in Richtung Carolinensiel (B 461) bis Funnix, links abbiegen zum Skulpturenpark | **Öffnungszeiten** unter www.skulturengarten-funnix.de | **Tipp** Im Wittmunder Schlosspark gibt es eine sagenumwobene Obstwiese. Hier wächst die Apfelsorte »Marenholz«, die nach einem Hinrichtungsopfer im Saal der Burg zu Wittmund benannt ist. Gehen Sie der spannenden Geschichte auf den Grund!

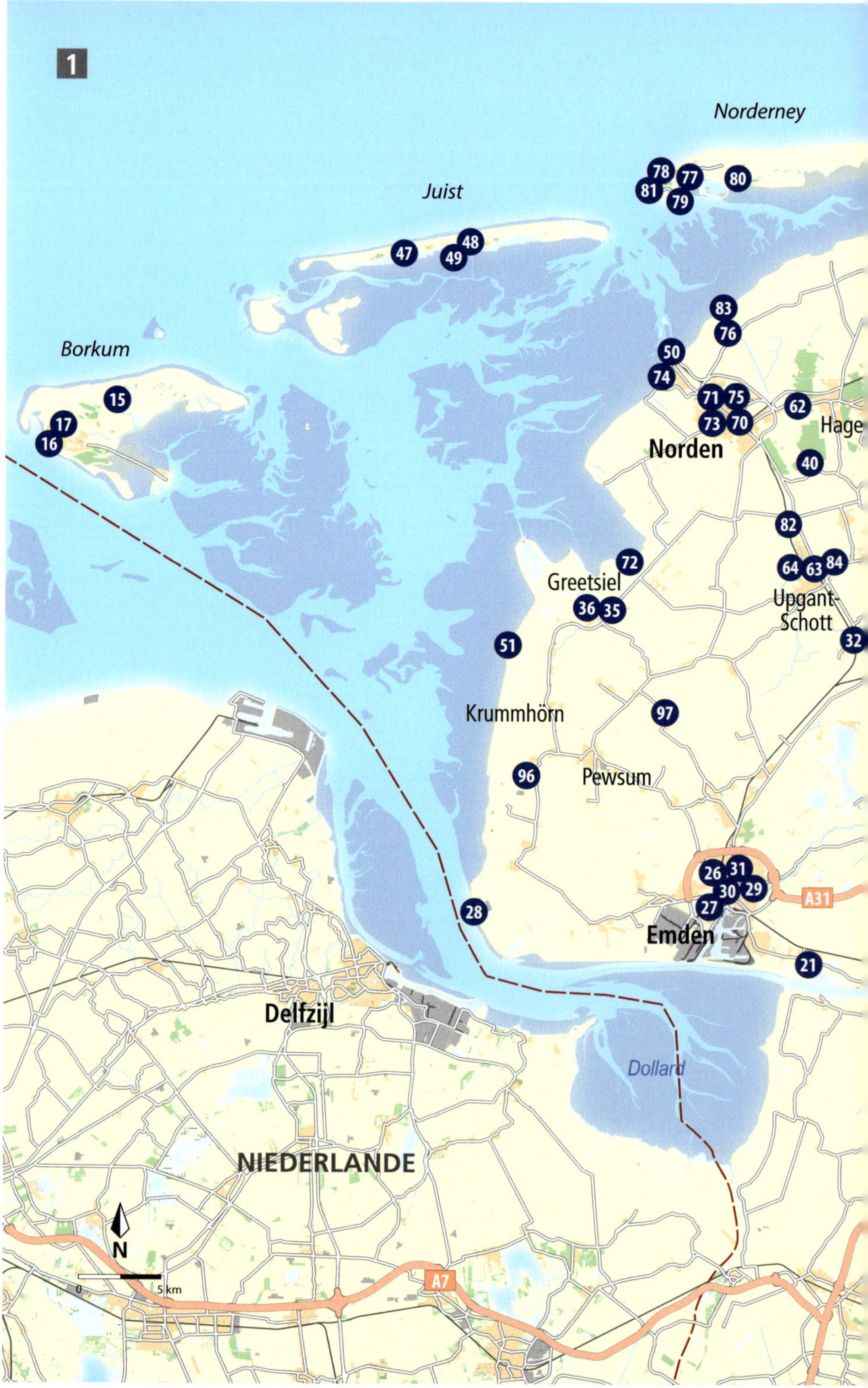
1
Norderney
Juist
Borkum
Norden
Hage
Greetsiel
Upgant-Schott
Krummhörn
Pewsum
Emden
A31
Delfzijl
Dollard
NIEDERLANDE
N
0
5 km
A7
15
16
17
21
26
27
28
29
30
31
32
35
36
40
47
48
49
50
51
62
63
64
70
71
72
73
74
75
76
77
78
79
80
81
82
83
84
96
97

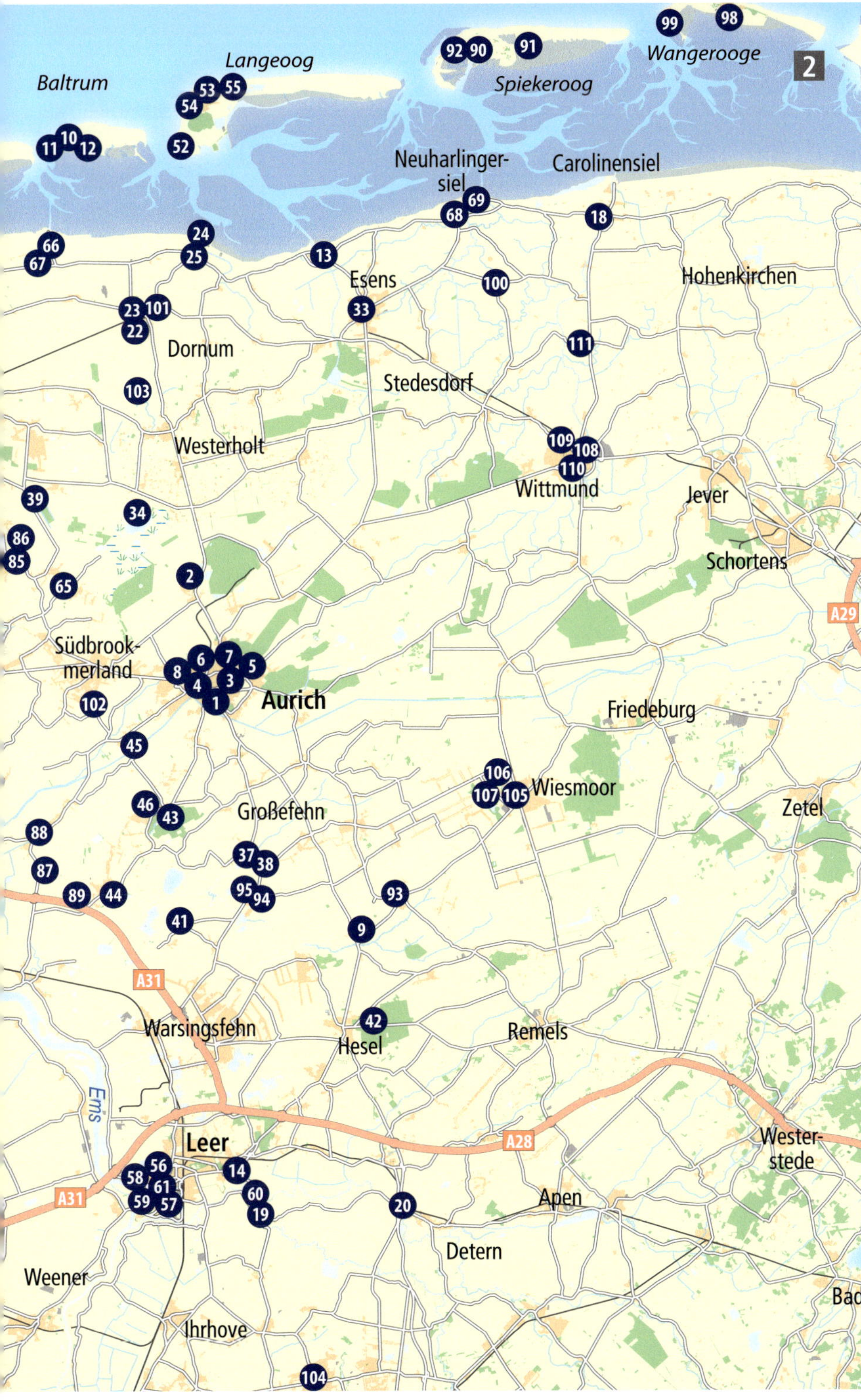
2
Baltrum
Langeoog
Spiekeroog
Wangerooge
Neuharlinger-
siel
Carolinensiel
Esens
Hohenkirchen
Dornum
Stedesdorf
Westerholt
Wittmund
Jever
Schortens
A29
Südbrook-
merland
Aurich
Friedeburg
Wiesmoor
Großefehn
Zetel
A31
Warsingsfehn
Hesel
Remels
Ems
Leer
A28
Wester-
stede
A31
Apen
Detern
Weener
Bad
Ihrhove

Ingo Stock
111 Orte auf Spiekeroog, die man gesehen haben muss
ISBN 978-3-7408-0888-4

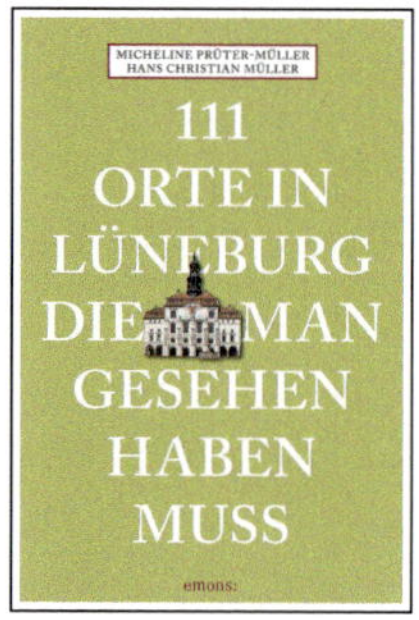

Hans Christian Müller, Micheline Prüter-Müller
111 Orte in Lüneburg, die man gesehen haben muss
ISBN 978-3-7408-1743-5

Bernd Flessner, Hannah Fleßner
111 Orte in der Krummhörn, die man gesehen haben muss
ISBN 978-3-7408-1216-4

Manfred Reuter, Lena Reuter
111 Orte auf Norderney, die man gesehen haben muss
ISBN 978-3-7408-1649-0

Bernd Flessner
111 Orte auf Juist, die man gesehen haben muss
ISBN 978-3-7408-1674-2

Michael Moll
111 norddeutsche Campingplätze, die man kennen muss
ISBN 978-3-7408-1266-9

Petra Wochnik
111 Dinge über das Wattenmeer, die man wissen muss
ISBN 978-3-7408-1081-8

Lena Reuter, Manfred Reuter
111 Orte in Aurich, die man gesehen haben muss
ISBN 978-3-7408-0842-6

Petra Wochnik
111 Orte auf Langeoog, die man gesehen haben muss
ISBN 978-3-7408-0839-6

Alexandra Schlennstedt,
Jobst Schlennstedt
111 Orte in der Lüneburger Heide, die man gesehen haben muss
ISBN 978-3-95451-844-9

Axel Klingenberg
111 Orte im Braunschweiger Land, die man gesehen haben muss
ISBN 978-3-95451-671-1

Jacek Auerbach
111 Orte in Oldenburg, die man gesehen haben muss
ISBN 978-3-7408-0249-3

Jochen Reiss
111 Orte im Alten Land, die man gesehen haben muss
ISBN 978-3-7408-0810-5

Cornelia Kuhnert
111 Orte rund um Hannover, die man gesehen haben muss
ISBN 978-3-7408-1351-2

Annett Rensing
111 Orte in und um Osnabrück, die man gesehen haben muss
ISBN 978-3-7408-1194-5

Jochen Reiss
111 Orte in und um Göttingen, die man gesehen haben muss
ISBN 978-3-7408-1353-6

Lars M. Vollmering
111 Orte in Wolfsburg, die man gesehen haben muss
ISBN 978-3-7408-1094-8

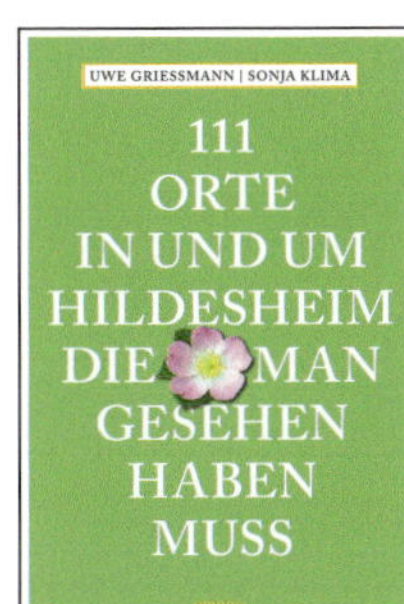

Uwe Grießmann, Sonja Klima
111 Orte in und um Hildesheim, die man gesehen haben muss
ISBN 978-3-7408-1421-2

Cornelia Kuhnert
111 Orte in Hannover die man gesehen haben muss
ISBN 978-3-7408-2017-6

Kirsten Elsner-Schichor
111 Orte im Harz, die man gesehen haben muss
ISBN 978-3-7408-2018-3

Ingo Stock
111 Orte im Teutoburger Wald, die man gesehen haben muss
ISBN 978-3-7408-1715-2

Christine Izeki, Gerald Roemer
111 Orte im Wendland, die man gesehen haben muss
ISBN 978-3-7408-1520-2

Dorothee Fleischmann,
Carolina Kalvelage
111 Orte im Weserbergland, die man gesehen haben muss
ISBN 978-3-7408-1511-0

Jochen Reiss
111 Orte in Nordfriesland, die man gesehen haben muss
ISBN 978-3-7408-1491-5

Jobst Schlennstedt,
Alexandra Schlennstedt
111 Orte an der Ostseeküste Schleswig-Holsteins, die man gesehen haben muss
ISBN 978-3-7408-1295-9

Alexandra Schlennstedt,
Jobst Schlennstedt
111 Orte in Lübeck, die man gesehen haben muss
ISBN 978-3-7408-1548-6

Sina Beerwald
111 Orte auf Sylt, die man gesehen haben muss
ISBN 978-3-7408-1389-5

Jela Henning
111 Orte in und um Flensburg, die man gesehen haben muss
ISBN 978-3-7408-1357-4

Sina Beerwald
111 Orte auf Föhr, die man gesehen haben muss
ISBN 978-3-7408-1068-9

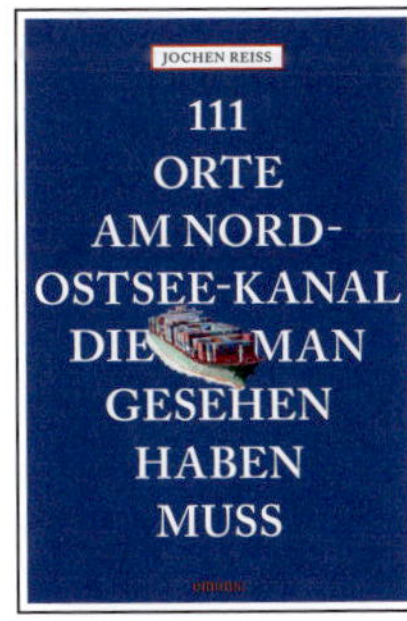

Jochen Reiss
111 Orte am Nord-Ostsee-Kanal, die man gesehen haben muss
ISBN 978-3-7408-0133-5

Jochen Reiss
111 Orte in Kiel, die man gesehen haben muss
ISBN 978-3-95451-705-3

Vito von Eichborn
111 Orte zwischen Lübeck und Kiel, die man gesehen haben muss
ISBN 978-3-95451-339-0

Jochen Reiss
111 Dinge über den Hamburger Hafen, die man wissen muss
ISBN 978-3-7408-1626-1

Steven Meyer, Christopher Ferner
111 queere Orte in Hamburg, die man gesehen haben muss
ISBN 978-3-7408-1363-5

Jochen Reiss
111 Orte in Hamburg, die man gesehen haben muss
ISBN 978-3-7408-1681-0

Jochen Reiss
111 Orte rund um Hamburg, die man gesehen haben muss
ISBN 978-3-7408-1550-9

Rike Wolf
111 Orte in Hamburg, die uns Geschichte erzählen
ISBN 978-3-7408-1387-1

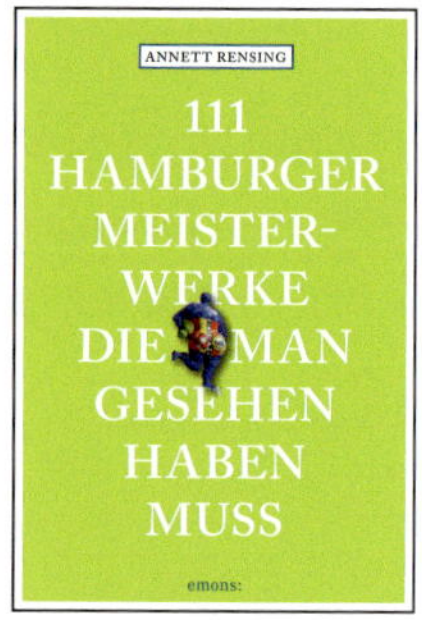

Annett Rensing
111 Hamburger Meisterwerke, die man gesehen haben muss
ISBN 978-3-7408-0987-4

Stefanie Sohr
111 Orte auf St. Pauli, die man gesehen haben muss
ISBN 978-3-7408-0685-9

Maren Kaschner, Anselm Neft
111 Orte auf Rügen, die man gesehen haben muss
ISBN 978-3-7408-1549-3

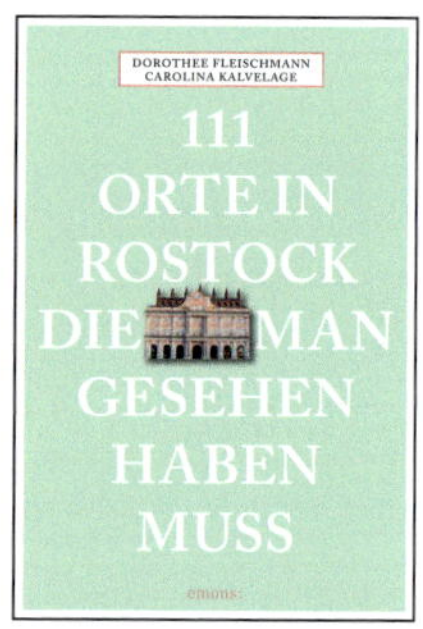

Dorothee Fleischmann, Carolina Kalvelage
111 Orte in Rostock, die man gesehen haben muss
ISBN 978-3-7408-1076-4

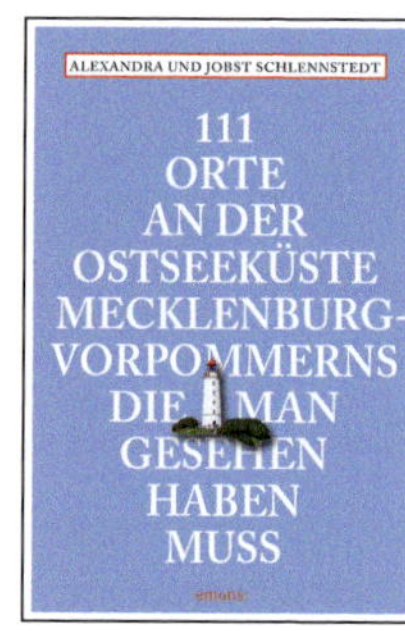

Alexandra Schlennstedt, Jobst Schlennstedt
111 Orte an der Ostseeküste Mecklenburg-Vorpommerns, die man gesehen haben muss
ISBN 978-3-7408-0742-9

Jela Henning
111 Orte in und um Schwerin, die man gesehen haben muss
ISBN 978-3-7408-0635-4

Jana Jürß
111 Orte an der Mecklenburgischen Seenplatte, die man gesehen haben muss
ISBN 978-3-95451-536-3

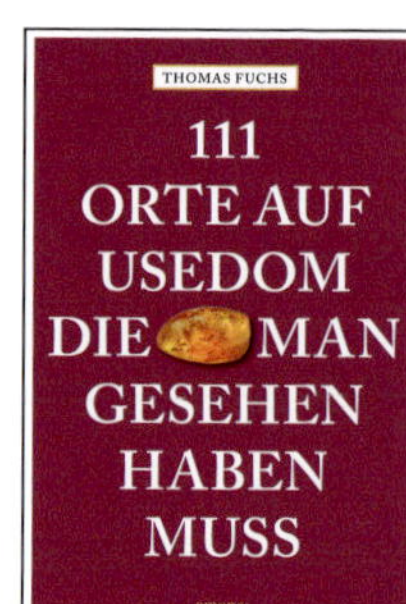

Thomas Fuchs
111 Orte auf Usedom, die man gesehen haben muss
ISBN 978-3-7408-1713-8

Lena Reuter, geboren 1985 in Ostfriesland, lebt mit Mann, Kater und Ponys in Schleswig-Holstein und arbeitet als Bloggerin und Texterin. Dies ist ihr dritter Band aus der 111er-Reihe.

Manfred Reuter, Jahrgang 1957, arbeitet als freier Autor und Journalist in Ostfriesland. Er hat mehrere Romane und Kurzgeschichten geschrieben.